学校家庭合作共育的理论与实践研究

梁树峰 著

吉林摄影出版社
·长春·

图书在版编目(CIP)数据

学校家庭合作共育的理论与实践研究/梁树峰著.--长春：吉林摄影出版社，2023.5
ISBN 978-7-5498-5811-8

Ⅰ.①学… Ⅱ.①梁… Ⅲ.①学校教育－合作－家庭教育－研究 Ⅳ.①G459

中国国家版本馆CIP数据核字(2023)第082997号

学校家庭合作共育的理论与实践研究
XUEXIAO JIATING HEZUO GONGYU DE LILUN YU SHIJIAN YANJIU

著　　者	梁树峰
出 版 人	车　强
责任编辑	罗　晗
开　　本	787mm×1092mm　1/16
字　　数	184千字
印　　张	7.5
版　　次	2023年5月第1版
印　　次	2023年5月第1次印刷

出　　版	吉林摄影出版社
发　　行	吉林摄影出版社
地　　址	长春市净月高新技术产业开发区福祉大路5788号
	邮编：130118
电　　话	总编办：0431—81629821
	发行科：0431—81629829
印　　刷	北京银祥印刷有限公司

ISBN 978-7-5498-5811-8　　　　定　价：48.00元

版权所有　侵权必究

前　言

　　当今社会已进入一个多元化的时代，在信息化、全球化的背景下，人才资源越来越成为重要的战略资源，教育在综合国力竞争中越来越具有决定性作用。同时，时代的发展对教育也提出了新的要求，教育已不再单纯是学校的事情。学校、家庭、社会相互合作，共同培育青少年的大教育观已成为国际教育改革的潮流。在大教育观视角下，成人成才已成为家庭和学校教育的共同目标。而我国目前学校家庭合作共育的水平和层次还是需要提高，家庭教育和学校教育还没有很好的融合在一起，无论家长还是学校，对学校家庭合作共育既有不同程度的期待，又有困惑与迷茫。家长如何协助学校，学校怎样帮助家长，家庭与学校如何形成合力，共同培育孩子成人、成才。这些问题始终是家长和学校最关注的问题。

　　本书首先对学校家庭合作共育的必要性进行了分析，阐明了学校家庭合作共育的基本特征、基本含义以及学校家庭合作共育的理论体系；接着从理论与实践相结合的角度探讨学校家庭合作共育工作的基本模式、学校家庭合作共育中家庭教育指导的基本任务以及学校家庭合作共育中家庭教育指导的主要途径和方法，构建了学校家庭合作共育工作的基本框架。随后从学校家庭合作共育视角探讨了初中生家长课程内容体系的开发，提出了学校家庭合作共育背景下初中生家长课程内容开发的实践策略；最后分析了学校家庭合作共育可以优化心理健康教育效果，初步探讨了学校家庭合作共育心理健康教育的内容、模式和途径，提出保障学校家庭合作共育心理健康教育实施的对策和建议。

　　在本书的写作过程中，编者参考了国内许多同类专著，汲取了其中许多精髓，但由于时间仓促，书中疏漏和不足之处在所难免，恳请专家、同行和广大读者不吝指正。

目 录

第一章　学校家庭合作共育的基本内涵 ································· 1
　　第一节　家庭教育与学校教育的基本特征 ························· 1
　　第二节　学校家庭合作共育的基本含义 ··························· 3

第二章　学校家庭合作共育理论体系的研究 ··························· 9
　　第一节　学校家庭合作共育社会系统理论 ························· 9
　　第二节　学校家庭合作共育组织管理理论 ························· 11
　　第三节　学校家庭合作共育社会个体理论 ························· 14

第三章　学校家庭合作共育的基本模式 ······························· 19
　　第一节　模式及教育模式 ······································· 19
　　第二节　学校家庭合作共育模式 ································· 22
　　第三节　学校家庭合作共育的基本模式 ··························· 27

第四章　学校家庭合作共育中家庭教育指导的基本任务 ················· 35
　　第一节　引领家长的教育需求，把握家庭教育指导重点 ············· 35
　　第二节　帮助家长明确其在家庭教育中的主体责任 ················· 43
　　第三节　指导家长树立正确教育观念，掌握科学养育方法 ··········· 44
　　第四节　指导家长全面正确认识孩子 ····························· 49
　　第五节　指导家长正确教育孩子健康成长 ························· 51

第五章 学校家庭合作共育中家庭教育指导的主要途径和方法 …………………… 59
　第一节 家长会 …………………………………………………………………… 59
　第二节 家庭访问 ………………………………………………………………… 65
　第三节 家庭教育个案指导 ……………………………………………………… 70

第六章 学校家庭合作共育背景下中学生家长课程内容的开发研究 …………… 75
　第一节 学校家庭合作共育背景下初中生家长课程内容开发的理论概述 …… 75
　第二节 学校家庭合作共育背景下初中生家长课程内容体系的开发 ………… 81
　第三节 学校家庭合作共育背景下初中生家长课程内容开发的实践策略 …… 95

第七章 学校家庭合作共育理念下中学心理健康教育研究 ……………………… 99
　第一节 学校家庭合作共育是优化心理健康教育效果的需要 ………………… 99
　第二节 学校家庭合作共育心理健康教育的内容、模式和途径 ……………… 102
　第三节 保障学校家庭合作共育心理健康教育实施的建议和对策 …………… 107

参考文献 …………………………………………………………………………… 111

第一章　学校家庭合作共育的基本内涵

第一节　家庭教育与学校教育的基本特征

一、家庭教育的基本特征

研究家庭教育，首先要理解家庭。家庭是人类社会最早的社会组织形式，是因一定的婚姻关系、血缘关系或收养关系组合起来的初级社会群体，是人类自然关系与社会关系的统一。① 家庭是"社会最微小的细胞"②，家是最小国，国是千万家。既然是社会的细胞、社会的缩影，那么社会的许多功能在家庭中都能找到，家庭承担了经济、人口再生产、文化教育、休闲娱乐、情感依恋等诸多功能。教育是家庭的基本功能，在实现人的再生产和物质资料再生产过程中起着重要作用。"家庭对孩子从婴儿到青春期的养育和保护负有主要的责任。向孩子们介绍其社会的文化、价值观和行为准则的工作始于家庭。"③家庭是一个人最早接受教育的地方，对一个人的影响最持久、最深远，因为家庭教育对人的情感发展和品德形成至关重要，一个人一生都会打上家庭的烙印。在社会各种系统（如学校、社区、俱乐部等）中，家庭对孩子的影响是最大的。当然，随着社会的发展，家庭对子女的教育期待越来越高，学校和社会教育越来越受重视，家庭的教育功能越来越朝着综合化方向发展。

学界普遍认为，家庭教育有广义和狭义之分。《中国大百科全书·教育》中家庭教育的定义是：家庭教育是指"父母或其他年长者在家庭内自觉地、有意识地对子女进行的教育"。邓佐君教授认为："家庭教育是在家庭生活中发生的，以亲子关系为中心，以培养社会需要的人为目标的教育活动，是在人的社会化过程中，家庭（主要指父母）对个体（一般指孩子青少年）产生的影响作用。"④这是从狭义角度进行界定的。从广义上看，有人将家庭教育定义为"家庭成员之间的相互教育"，教育对象不仅仅是未成年人，还包括父母等成年人。李天燕教授认为，家庭教育是家庭成员之间的双向沟通、相互影响的互动教育⑤。广义上的家庭教育不仅是前喻文化下的"三娘教子"，还包括并喻和后喻文化下的"子教三娘"。但我们一般所说的家庭教育还是狭义的。因为，尽管父母可以从孩子身上学习很多东西，父母也应该善于向孩子学习，但这都是从父母"应然"的角度说的，是父母育儿过程中主动性、自觉性的体现。

---

① 关颖.家庭教育社会学[M].北京：教育科学出版社，2014.
② 赵忠心.家庭教育学[M].北京：人民教育出版社，2001.
③ 赵中建.教育的使命：面向二十一世纪的教育宣言和行动纲领[M].北京：教育科学出版社，1996.
④ 邓佐君.家庭教育学[M].福州：福建教育出版社，1995.
⑤ 李天燕.家庭教育学[M].上海：复旦大学出版社，2007.

同时,判断一个行为是否属于教育行为,关键要看行为主体是否有教育意图和社会责任,未成年子女显然没有教育父母的责任,也没有这种意识。总而言之,家庭教育是指家庭中的长辈(主要指父母或其他监护人)对子女(或其他被监护人)施加影响,使其知识、技能、道德习惯、行为方式、价值观念等身心素质朝着长辈期待的方向发展的过程。

比起其他教育形态,家庭教育的特征是明显的。与学校教育和社会教育相比,家庭教育呈现出以下特征。一是非正规性。这是与学校教育比较而言的,学校教育属于正规教育,有专门机构、专业人员按照应有的规范开展教育,而家庭教育是非正规化的。尽管许多人呼吁和期待家长"持证上岗",但我们无法像规范学校教师那样要求家长必须具备什么样的文化程度、教育设施、教育水平才能生儿育女,每个人都有当家长、开展家庭教育的权利。同样,我们也无法约束家长在什么时间对子女施加什么样的教育、用什么样的方式进行教育(只要家长不违法)。二是天然性,或者是血缘性。家长与孩子天然地形成教育和被教育关系,这是由父母的亲权所决定的。教育孩子是父母的天职,父母不可能放弃,也是父母的基本权利,不可被剥夺。一个孩子不能像选择学校和教师那样选择家庭和父母,父母同样无法放弃教育孩子的权利,否则将担负法律责任。三是私密性。这主要是从教育内容和活动方式而言的。家庭是一个天然的利益共同体,是一个私人领域,许多教育内容带有家庭自身的特征,外部不宜干预。当然,私人领域并不意味着不受法律约束,家庭教育内容和方式应该符合法律和公序良俗。四是多样性。家庭类型不同,家庭对子女的教育期待、教育内容以及教养方式不尽相同,不像学校那样被许多制度约束,呈现出多样化的特征。五是生活性。家庭是生活的组织,家庭教育是生活教育。家庭教育不是发生在生活之外,而是生活之中,家长在生活中逐步规范孩子的言谈举止,教给孩子生活常识和文化常识,使孩子在不知不觉中受到教育。所以说,家庭教育是基于真实生活的教育,也是为了改进家庭生活的教育,这当属家庭教育区别于其他教育的最显著特征之一。六是文化性。中国有"家国同构"的社会传统,自古高度重视家风、家训、家教,家庭教育高度发达,家庭教育无论是内容还是形式都具有鲜明的东方文化特征,与西方和其他文化类型有着很大差异。

二、学校教育的基本特征

学校是一种社会组织,学校教育是一项社会事业。学校教育是指教育者按照一定的社会或阶级要求,有目的、有计划、有组织地对受教育者在知识、技能、情感、态度、价值观等方面施加影响,使其身心等素质朝着教育者期待的方向发展的过程。简言之,就是"有意识地以影响人的身心发展为直接目标的社会活动"[①]。相对于其他形式的教育,学校教育是教育的正规形态和主导形态,是制度化教育。石中英教授认为学校具有如下属性[②]:首先,学校是一种社会组织,具有社会属性,反映社会关系;其次,学校是专门的教育机构,目的明确、工作专业、方法科学、时间固定;再次,学校具有民族性或者文化性;最后,学校具有变动性,随着

---

① 叶澜.教育概论[M].北京:人民教育出版社,1991.
② 石中英.公共教育学[M].北京:北京师范大学出版社,2008.

社会经济、政治、文化的发展和要求而处于不断变革之中。

事物的属性决定其特征,上述的学校教育属性决定其具有以下主要特征:第一,正规性。学校是制度化产物,有明确的目的,有规范的教育方法和形式,有严格的学习制度和升学制度,有专门的师资队伍。第二,强制性。正规的形式需要法律制度作为保障,不可能完全按照每个受教育者的意图开展教育,也不可能针对每个教育者开展教育,否则无法保障学生学业的完成;强制性还体现为义务教育法对未成年人父母的强制要求,让子女接受九年制义务教育是未成年人父母的义务。第三,阶段性。根据学制安排,学校教育一般将学生的学习分为若干阶段,每个阶段有一定的学习内容和考核标准,而家庭教育和社会教育没有学制之说。第四,主导性。这是从学校、家庭和社会教育关系角度而言的。虽然说家庭从某种程度上对孩子的实际影响要大于学校,但学校教育所确立的培养目标和教育内容代表国家和社会的共同利益,学校教育所主张的教育理念代表教育的主流方向,为家庭教育和社会教育确立了基本方向。学校既要代表国家意志,也要代表家庭意愿;既要保证为国育人,也要保证为家育人。现代学校功能不仅体现在教书育人上,还体现在引领家庭和社区教育上,在学校家庭合作共育中发挥着关键作用。第五,基础性。尽管家庭教育与社会教育也教授孩子青少年基本的社会习俗、语言文化、社会技能、价值观念等,但基础教育阶段学校所传授的知识是以学科化为基础精心加工而成的,是最基本、最重要、对人的发展起着奠基性作用的人文与科学知识,其他阶段的教育内容同样是对人类文化成果的精选,有着很强的迁移价值。第六,专门性。学校是正规的教育机构,又是专门的教育机构。正规,说明有教育法律和制度做保证,有比较严格的教育行为标准和行业规范;专门,说明它只做教育不做其他,社会依据人才培养规律,按照一定的标准建立学校,选拔和考核教师,设置课程标准,实施课程,颁发文凭,这样,学校所培养的人才才能得到社会的认可。

第二节 学校家庭合作共育的基本含义

一、学校家庭合作共育的内涵

学校家庭合作共育的基础是合作。理解学校家庭合作共育,首先要理解合作。合作与分工相对,在社会化大生产过程中二者发挥着重要的作用,"分工条件下的合作与合作基础上的分工,推动着人类文明一步步走到今天"[1]。著名心理学家多伊奇认为:"合作是个体为了实现共同的目标而表现出来的协同行为。"[2]《心理学大词典》将合作定义为:"合作是为了共同的目标而由两个以上的个体共同完成某一行为,是个体间协调作用的最高水平的行为。"[3]显然,这是从个体心理角度出发定义的。《辞海》的定义更加全面:"社会互动的一种方

---

[1] 郭梓林.图解"合作"[M].北京:朝华出版社,2005.
[2] 靳玉乐.合作学习[M].成都:四川教育出版社,2005.
[3] 朱智贤.心理学大词典[M].北京:北京师范大学出版社,1989.

式。指个人或群体之间为达到某一确定目标,彼此通过协调作用而形成的联合行动。"其特征为:"行动的共同性,目的的一致性,甚至合作本身也可能变为一种目的。"[1]阿吉勒提出了合作的两个基本假设和六个意涵。假设方面:①合作会导致正面性的影响;②合作会导致参与者之间的人际互动。意涵方面:①人类具有合作的本性;②在正确的条件下,让冲突双方全然直接接触;③合作中的友谊关系,需要透过社会技能训练才能有效能;④合作可以带来短期、长期及多元化的利益;⑤对合作团体提供支持力量;⑥合作本来就具有道德的影响力。[2] 美国学者弗里恩德和库克对合作的定义是:"人际间的合作是至少两个相互平等的当事方之间的直接互动方式,他们因为有一个共同的工作目标而自愿地参与共同决策。"合作具有如下特征:①合作是出于自愿的;②合作是建立在平等基础上的;③合作者之间有一个共同的目标;④合作者共同参与重大问题的决策;⑤合作者共同为决策后果承担责任;⑥合作者共享资源;⑦有突出的特性,即合作者之间必须相互信任与尊重。

基于分析,所谓合作是指个人与个人、群体与群体、个人与群体之间为达到共同目的,彼此相互配合的一种联合、协同行动。目标的一致性和合作双方的互惠性是合作得以开展的根本。学校家庭合作共育也就是通过各种合作、协同行动而开展教育之意,其中合作是手段,共育是目的。合作是为了达到教育的目的,为了达成更好的教育。合作双方相互规定,相互制约。

二、学校家庭合作共育的基本特征

第一,以育人为根本目的。学校家庭合作共育是教育活动的一部分,是为了更好地开展教育而进行的协同活动。教育的根本使命是立德树人,培养德、智、体、美、劳全面发展的建设者和接班人,离开这个目的的协同活动不算是学校家庭合作共育。学校家庭合作共育的初心是育人,有的活动虽然看似不以教育为直接目的,但是也会对学生产生教育影响,应该归于学校家庭合作共育范畴。比如,学校组织家长培训以提高家长的育人意识和能力,学校举办家长开放日以增进家长对学校的了解,学校组织开展亲子义工服务社会和学校活动,学校就办学问题征求家长和社区的意见等,这些都属于学校家庭合作共育活动。所以,判断学校家庭合作共育首先要看合作共育双方合作的真实意图以及效果,而不是看其形式。

第二,以资源共享、优势互补为基本工作原则。所谓的学校家庭合作共育,不是创造出一种新的教育途径,而是通过各种合作方式和手段,促使学校教育、家庭教育得以优化和改进。育人的目的是在学校家庭自功能不断完善的基础上实现的。其一,通过合作更新了家长的教育观念,改进了教育方法,提高了他们参与学校教育的意识和能力。其二,学校课程安排更加合理,教师能力得到一定程度的提高,管理水平得到优化,指导家长的能力得到增强。通过学校家庭合作共育,家庭更像家庭,能充分做好家庭应该做的事情;学校更像学校,能充分做好学校应该做的事情。为了使家庭变得更好,学校应该发挥两方面作用,一是对家

---

[1] 辞海编辑委员会.辞海:1999年版缩印本[M].上海:上海辞书出版社,2000.
[2] 黄河清.家校合作导论[M].上海:华东师范大学出版社,2008.

庭进行有效指导,二是为家庭教育提供某些条件。为了让学校变得更好,家庭也应该做好两方面工作,一是积极配合学校开展教育,二是力所能及地为学校开展教育提供条件。当然,学校家庭在合作共育过程中要注意彼此的界限和职责范围,在借用彼此教育资源的过程中,既不要越界,也不能消极应对。学校家庭双方都要意识到,借对方之力可以优化自身,服务对方最终也是服务自身。

第三,学校在学校家庭合作共育中起主导作用。学校是专门的教育机构,教师是专职的教育人员,学校代表国家意志开展教育,有专业化、组织化、制度化的优势。家庭是一个个单独的个体,虽然肩负着孩子的教育责任,但不是专门的教育机构,还有许多其他功能;家长虽然是孩子的第一任老师,但不是专门的教育者。学校家庭就专业性和影响力来说,学校是具有优势的一方。开展学校家庭合作共育,学校和教师的责任更大,任务更多。学校通过合作共育活动,以专业优势指导、服务于家庭教育和社会教育,并利用家庭和社会教育资源优化学校教育。正如范梅南教授所说的:"学校是联系家庭和大千世界的一座桥梁。"①当然,学校和教师在合作共育中的主导性,主要是从承担的责任和专业优势角度而言的,并不意味着学校和教师可以随便使唤家长,让家长变成教师的助手,更不意味着二者的关系是主从关系,无论从哪个方面说,学校家庭之间都是平等的、相互尊重的。

第四,学校家庭合作共育应该"目中有人"。学校家庭合作共育,就是学校家庭双方合作起来共同育人,因此要把人当成目的,做到"目中有人"。所谓"目中有人",就是要把孩子放在核心地位,充分考虑孩子的权益。其一,要将孩子的发展利益放在学校家庭合作共育工作最重要的位置,本着促进孩子终身发展、全面发展、和谐发展的目的开展活动。学校家庭合作共育不是为了家长的面子或者学校的利益,要杜绝合作中的一切形式主义。其二,要关注孩子在学校家庭合作共育中的话语权、参与权,要多听听孩子的声音。搞学校家庭合作共育活动,既要让孩子受益,也要让孩子喜欢。教师在家访之前多听听孩子的意见,开家长会时可以让孩子表达自己的声音,甚至可以邀请高年级的孩子参加学校家庭的某些会议。

第五,学校家庭合作共育具有历史性、文化性。加强学校家庭合作共育,是适应终身学习和学习化社会而出现的教育潮流,东西方都是如此。我国自古就有尊师重教的传统,过去不太强调家长与学校的权利关系,但近些年开始认识到家长参与学校的权利以及家长与学校的平等地位。不过中国学校家庭合作共育更加注重对家长的指导培训,更加注重学校和社会的家庭教育指导与服务,更加注重通过学校家庭合作共育提升家庭教育水平。

三、学校家庭合作共育的基本类型

第一,从合作的层面来看,有个体层面的学校家庭合作共育,也有组织层面的学校家庭合作共育。个体层面的学校家庭合作共育,就是教师与家长个人层面的合作行为,这是最常见的学校家庭合作共育形式。这种合作往往是即时性的,根据教育的需要随时都有可能发生。比如,孩子在校期间出现问题,教师可能根据需要叫上家长一同解决,或者教师通过家

---

① 范梅南.教育的情调[M].北京:教育科学出版社,2019.

访、电话、微信、学校家庭联系册等,随时与家长沟通。组织层面的学校家庭合作共育,往往是班级、年级、学校组织开展的,被纳入学校相关计划之中,合作的形式一般不是一对一的,而是一对多或多对多的,一般解决的不是个别学生或家庭的问题,而是具有整体性、普遍性的问题,比如组织家长培训、家长委员会会议或活动、家长义工活动、学校开放日、家长议事会等。

第二,从结果和内容角度看,学校家庭合作共育大致分为补偿型、沟通型和合力型三种[1]。所谓补偿型学校家庭合作共育,即学校、家庭相互间实现功能补偿。比如,家长配合学校督促学生完成课后课业,学校为亲子活动提供场地设施等。所谓沟通型学校家庭合作共育,即一方通过沟通了解另外一方,从而实现自己的功能,同时沟通也是实现教育资源共享的渠道。比如,家长了解孩子的在校表现,以便有的放矢地开展家庭教育。所谓合力型学校家庭合作共育,即学校与家庭消融相互之间的不一致性,实现方向、内容和方法上的一致。比如,学校开展节约教育,这就需要家长充分理解并大力支持配合,增强自身的节约意识,在家做出相应的节约行为,否则节约教育无法成功。补偿是学校家庭合作共育的起点、沟通是学校家庭合作共育的条件、合力是学校家庭合作共育的方向,整合三者的功能,才能取得良好的学校家庭合作共育效果。

第三,从学校家庭合作共育双方互动状况来看,学校家庭合作共育有静态合作共育与动态合作共育两类。所谓静态合作共育,主要指教育主体都能够按照教育运行逻辑行事,虽然没有形式上的互动合作,但是他们在方向上是一致的,在方法上是科学的,在分工上是默契的,正所谓"心有灵犀一点通"。所谓动态合作共育,是指教育主体之间为优化各自功能而经常进行协调配合,比如家长志愿者参与学校的各种活动、家长值日制度等。其实,学校家庭合作共育中默契最为关键,只要心往一处想、劲往一处使,没有教不好的孩子。学校家庭合作共育应该更加注重实效,内容要大于形式,未必动不动就"深度合作",其实家长和教师都喜欢即时性沟通、家访等形式。有时候学校家庭合作共育活动看上去热热闹闹,但未必能达到理想的效果。

第四,从双方的主动性角度来看,学校家庭合作共育有主动合作共育和被动合作共育。主动合作共育是指一个教育主体能够根据孩子教育需要,主动就教育理念、方法、分工、效果等问题与另外一个教育主体进行沟通,双方达成一致,共同行动。被动合作共育则是指在合作过程中一方积极,而另一方处于被动状态,甚至是消极应对。一般来说,学校家庭合作共育中学校教师是主动方,家庭是被动方,这种现象与家校沟通渠道是否通畅有关,也与双方的意愿有关。有的家长之所以不愿意和学校沟通,是因为不知道怎么沟通,也有家长认为教师很忙,怕沟通起来耽误教师的时间,从而放弃沟通。

第五,按照学校家庭合作共育的具体意图,学校家庭合作共育可分为资源整合式合作共育和功能整合式合作共育。资源整合式合作共育主要是指学校家庭双方为实现教育资源共享而进行的合作共育。比如,有的学校开展家长课堂,利用家长资源开设学生喜闻乐见的各种课程,以丰富学校课程体系。功能整合式合作共育是指教育主体通过沟通、协调、合理分工而实现组织功能的一致。比如,有的学校引导家庭设立"家庭实验室",利用阳台等空间开

---

[1] 曾文婕. 功能型整合观:对家庭、学校和社区教育整合的新认识[J]. 现代教育论丛,2006(6).

展各种科学小实验,以协助学校开展科学教育活动。

第六,按照学校家庭合作共育的重心,学校家庭合作共育可以分为"以校为本"和"以家为本"两种。① "以校为本"的学校家庭合作共育是指,在学校家庭合作中,各种活动都围绕学校展开,包括建立家庭中心、学校家庭教育辅导、招募家长志愿者、家长参与学校事务管理、召开家庭学校研讨会等。"以家为本"的学校家庭合作共育是指,在学校家庭合作中,各种活动是围绕家庭展开的,主要包括家庭和社区家长教育、建立社区家长与孩子发展中心、开展家庭学习活动、家访等。两种合作共育类型的基本流程大致是:内外环境分析—策划和组织—分工和指导—执行—评估,从内外环境分析到评估始终是一个不断循环的过程。

四、学校家庭合作共育的主要功能

首先,学校家庭合作共育能进一步弥合学校家庭之间可能存在的分歧和矛盾,增强学校家庭的相互信任。教育家苏霍姆林斯基说过:"(孩子)只有在这样的条件下才能实现和谐的全面的发展,就是两个'教育者'——学校和家庭,不仅要一致行动,要向孩子提出同样的要求,而且要志同道合,抱着一致的信念,始终从同样的原则出发,无论在教育的目的上、过程上还是手段上,都不要发生分歧。"家庭、学校和社会是三大教育形态,有着各自独特的属性,蕴含着可能的矛盾。学校家庭合作共育的首要任务是减少、化解学校家庭之间在育人目标、价值观念、教育理念等方面的矛盾冲突,增加互信,和谐共处,为孩子健康成长营造良好的外部环境。

其次,学校家庭合作共育能够提高家长的教育意识和能力,为学校教育打下良好的基础,提高学校教育的效果。学校教育效果不仅取决于学校本身,还需要家庭的配合与合作。事实证明,家长愿意和学校交往、学校家庭关系良好,孩子的学业发展就非常理想。一些优质学校,不仅注重学校自身的变革,还注重推动家庭的变革,引导家长确立正确的教育目标,树立正确的教育理念,掌握科学的教育方法。要让家长树立素质教育理念,学会爱孩子,用正确的价值观念和人格魅力影响孩子,积极配合学校的教育行为,巩固教育成果。

再次,学校家庭合作共育能促进学校决策的科学性,不断优化和改进学校教育。学校家庭合作共育的过程也是引导家长积极参与学校的过程,通过家长的民主监督、积极参与,学校能够不断吸收各种信息,使得决策更加科学化、民主化、规范化。从微观层面看,通过家长参与,教师能够获得更加详细的教育反馈,进一步了解教育行为中存在的问题,不断改进工作方式和方法,提高教育水平,提高家长和孩子的满意度和信任度。

最后,学校家庭合作共育能够优化学校教育和家庭教育的资源环境。尽管现在学校教育资源不断优化,但现有的资源对于学生的教育需求来说依旧有限,因此需要不断开发家庭和社会资源。学校家庭合作共育不仅能够促进家庭教育资源和学校教育资源的整合,还能够通过家长将社会教育资源吸纳进来,构建一个有利于学生成长的学习社区。通过学校家庭合作共育,学校还可以促进社区教育资源不断优化,从而有利于家庭教育的发展,真正实现学校、家庭和社会教育的"三位一体"。

---

① 马忠虎.家校合作[M].北京:教育科学出版社,2001.

第二章 学校家庭合作共育理论体系的研究

第一节 学校家庭合作共育社会系统理论

一、协同理论

协同理论即"协同学"或"协和学",是系统科学的重要分支理论。德国物理学家哈肯于1971年提出协同概念,论述了协同理论。该理论不仅在物理学、化学、生物学、天文学、经济学、社会学和管理科学等学科以及在自然科学、社会科学和人文科学三大领域得到广泛应用,而且可以充分发挥各学科、各领域、各系统之间协同与合作的作用,实现彼此之间动态性和开放性发展。

协同理论认为,千差万别的系统,尽管其属性不同,但在整个环境中,各个系统间存在着相互影响又相互合作的关系,并且在一定条件下,包含有许多子系统的母系统通过系统相互制约作用和彼此协作。系统研究从自然界到人类社会各种系统的发展演变,探讨各系统发展所遵守的共同规律和控制因素,充分发挥系统之间的协同作用,实现各系统由无序到有序、开放性的动态发展。

协同理论在教育领域中的应用不仅体现在家庭教育、学校教育和社会教育三大领域之间的宏观合作教育,而且体现在家庭、学校、社区或政府、社会之间通过各系统之间相互制约和彼此合作教育,共同发挥协同作用,改善教育条件和环境,提高教育质量,促进教育公平,促进教育法治化和民主化。

二、"三因素"论

"三因素"论曾是我国教育理论界公认的观点,是教育家巴拉诺夫等人在《教育学》中提出来的,是"二因素"论的批判和发展。"二因素"论把影响人发展的因素分为两大类:一是生物因素,包括遗传素质及其以外的某些生理特点及健康状况等;二是社会因素,包括社会、家庭、学校和自然、文化、人际关系等环境因素。[①] "二因素"论重视遗传与生理以及环境两个静态因素对人的发展的影响,但忽视了对人的发展动态研究以及教育对人的发展的重要作用。有学者将教育作为影响人的发展的动态因素进行研究,这样便出现了"三因素"论。此理论认为,人的发展是由遗传、环境和教育决定的,并认为遗传素质是人发展的物质前提,环境和

---

① 柳海民.现代教育学原理[M].长春:东北师范大学出版社,2002.

教育对人的发展起决定作用,相对于环境影响来说,教育在人的发展过程中起主导作用。[①]这一理论虽然本身存在悖论,例如既强调环境的决定作用和教育的主导作用,又把教育看作影响个人发展的外因,受到我国教育理论界普遍批评,但是影响孩子成长和发展的三个因素,即遗传(素质)、环境和教育,无论从哪个方面三者都与家长关系密切。现代遗传学与优生学将家庭教育和家庭环境联系起来,提高优生质量;家庭环境和家庭教育的人为性和可控性紧密联系。家庭教育、学校教育和社会教育的统一与协调,为教育合作化和优质化提供了可能性和现实性,也为学校家庭合作共育提供了理论依据。

三、系统—生态理论

系统—生态理论也称为背景发展理论或者人际生态理论,是非平衡系统的自组织理论。此理论认为:家庭、社区、学校都是相互关联依存的,良好的家庭环境、亲密的亲子关系、良好的学校环境和师生关系,必然为孩子健康发展提供良好的环境。此理论成为学校家庭合作教育理论的基础,有助于从社会环境和社会组织的角度出发,分析学生的问题并且为问题寻找解决途径。

该理论的主要代表人物有霍布斯和尤里·布朗芬·布伦纳。霍布斯主要研究家庭需要,通过研究项目,验证了把家庭、社区、学校都统筹考虑的必要性,并且采用此理论分析孩子、家庭和学校的关系,认为孩子的问题不能与其亲友、学校和社区割裂开来,青少年生活和学习与其家庭密切相关,学校和社区是为家庭提供各种服务的机构。刘易斯(Lewis)认为,通过系统—生态理论的系统分析,解决青少年、孩子和家庭、学校的问题很有效。

布朗芬·布伦纳在霍布斯的基础上完善此理论,将人际关系分成四套依次层叠的环境系统,各系统之间相互影响。他把社会影响分为围绕青少年扩展开来的一系列系统,即微观系统、中层系统、外层系统、宏观系统和历时系统。"微观系统"是对青少年产生影响最直接的系统,如家庭、学校、朋友和同学。"中层系统"即那些孩子未直接参与但对其发展有影响的系统,表现为各种间接交互关系,例如父母关系、祖辈与父辈的关系等,有积极或消极的互动关系。外层系统即未直接影响孩子的社会背景,如父母的工作环境、社交场所、娱乐场所等。宏观系统属于意识形态,包括文化、亚文化、观念、态度、规则、习俗及法律等社会环境。历时系统或称时间纬度,即把时间作为研究个体成长中心理变化的参照体系,是指将时间和环境相结合来考察孩子发展变化的动态过程。该理论重视社会影响的各系统之间的相互影响和联系。

教育作为一个复杂系统,其内部要素相互依存、相互影响,其外部因素相互制约和影响。基于学生的双重身份,即学校中的学生和家庭中的孩子,基于家庭中的亲子关系和学校中的师生关系,孩子的双重身份和关系决定了家庭与学校之间的联系和合作,决定了学校家庭合作共育的必然性,同时要求家庭和学校彼此合作,共同提高教育质量。依照系统—生态理论,系统分析学校家庭合作共育,可以有效解决青少年与家庭、学校之间的教育问题。学校

---

① 叶澜.论影响人发展的诸因素及其与发展主体的动态关系[J].中国社会科学,1986(3).

中的一切问题可以在家庭中反映出来,学校教育问题的根源可以追溯到家庭教育。只有学校教育而没有家庭教育,或只有家庭教育而没有学校教育,都不能完成培养人这一艰巨复杂而系统科学的任务。

四、社会生态系统理论

社会生态系统理论是考察人类行为与社会环境之间交互关系的理论,是系统科学的分支理论,被社会学、社会工作学界称为生态系统理论。该理论把人类成长生存于其中的社会环境(如家庭、机构、团体、社区等)看作是一种社会性的生态系统,强调生态环境(人的生存系统)对于分析和理解人类行为的重要性,注重人与环境之间各系统相互作用及其对人类行为的重大影响,注重把人放在环境系统中加以考察,注意描述人的生态系统如何与人相互作用并影响人的行为,揭示了家庭、社会系统对于个人成长的重要影响。该理论的代表人物查尔斯·扎斯特罗与卡伦·柯斯特-阿什曼教授于2004年合作出版《理解人类行为与社会环境》,深入分析阐述了人类行为与社会环境之间的多层系统以及二者之间的互动关系,在"人们应该怎样看待和分析周围的世界?""当找出了解决问题的方案时,哪些方面对于评价最为重要"等问题上,为社会工作者提供了一种观察世界和处理社会问题的独特方法与视角,进一步丰富了"描绘和分析人和其他存在系统以及他们之间交往联系的系统理论"。① 孩子教育作为重要的人类行为,既包含孩子自身的教育行为,又包含家庭、学校和社会的孩子教育行为,与家庭、学校、政府、社区以及社团等社会环境关系密切,而且使家庭教育、学校教育和社会教育构成一个完整的教育系统,使系统内部彼此存在着联系与互动,同时这些社会环境构成社会性的生态系统,对孩子教育、成长和发展具有重要影响。该理论从社会生态和社会环境的角度,为学校家庭合作共育提供了学校家庭联系、合作、互动的系统理论,也为家长和教师、家庭和学校、社区与政府等提供了观察教育、解决教育问题的新视角。

以上这些理论从系统科学或社会系统、社会环境以及社会影响、社会因素等角度,为学校家庭合作共育提供了理论基础,使学校家庭合作共育成为解决教育危机、推进教育改革、加快教育现代化建设等问题的新视角与新机制。协同理论提供了系统之间协同互助的关系和机制,"三因素"论为人的发展和教育提供了因素分析,系统—生态理论提供了系统之间的社会联系与影响对孩子教育和发展的作用,社会生态系统理论从生态系统的角度,考察人类行为与社会环境之间的交互关系,并描述人的生态系统如何与人相互作用并影响人的行为。

第二节 学校家庭合作共育组织管理理论

一、重叠影响阈理论

重叠影响阈理论是重要的社会组织理论,是生态系统理论和社会资本理论的有效整合。

---

① 叶晓璐.家校合作的理论基础研究[J].职业教育·理论研究,2010(27).

美国学者艾普斯坦等人整合了生态系统理论和社会资本理论，实现了生态系统理论的有效补充和社会资本理论的发展。布朗芬·布伦纳的生态系统理论重视家庭、学校、社区和其他社会机构对人的教育的交互作用，忽视了这些社会组织的影响积累与协同对孩子教育和学生发展的作用。社会资本理论关注家庭、学校、社区等社会组织之间协同与合作，重视家庭内外部社会资本的整合，重视家庭、学校和社区的社会资本整合。

艾普斯坦从社会组织的角度，将社会、教育和心理学的观点整合起来，将影响孩子发展的组织扩展到家庭、学校、社区三个社会组织，构建了三个组织合作的理论模型，提出了重叠影响阈理论。该理论强调家庭、学校和社区三个社会组织之间彼此协作和积累影响力，共同形成影响学生发展的整体力量。重叠影响阈是在孩子教育过程中家庭、学校、社区社会组织影响力不断积累，将孩子置于关怀性的社区，改变了家庭与学校的影响力无序的认识趋势，增强了家庭和社区对学校教育的参与，促进了三者之间的联系和协作。她认为，学生学业成功是各个组织共同关注的，需要彼此合作和支持，才有可能获得最大限度的实现。她用"合作"的概念代替"参与"的概念，强调家庭和学校在合作关系中的平等地位，重视二者在孩子教育中所共同承担的责任和义务，关注二者的共同观念和家庭潜在影响的重要性。她还提出了包容性的学校家庭社区合作模型，此模型包括外部结构和内部结构。外部结构包括家庭、学校、社区三个组织。内部结构是三者相互作用的结果，包含了社会资本的积累。外部结构和内部结构紧密联系，实现了个人与组织、组织与组织之间的因果联系和分工合作，并通过家长、学生、教师不断积累知识和经验，以及不同模式对学生动机、态度和成绩的影响，形成了整合家庭和学校相互影响的重叠影响阈理论。此模型实现了家庭、学校、社区合作和协同作用的发挥，促进家庭和社区在不同领域参与和支持学校教育，三者形成了对孩子教育和发展的整体影响力。

二、权变管理理论

权变管理理论即组织结构或组织的权变管理理论，该理论的核心是以系统观点为理论依据，通过研究组织的各子系统内部和各子系统之间的相互关系，以及组织和它所处的环境之间的联系，确定系统各种变数的关系类型和结构类型[1]。它强调根据组织的内外部条件而随机应变，采取不同的最合适的管理模式、方案或方法。

随着社会的发展，教育作为社会的子系统，深受家庭、社区等其他社会系统的影响。由于人们的教育目标和要求不断提高，学校已经越来越不能独自实现教育目标，受到家庭、社区和社会的影响，逐渐摆脱与家庭、社区、社会脱节的做法，开始与家庭教育、社区教育、社会教育建立联系。权变管理的组织理论在学校家庭合作共育方面得到了深入实践，使学校与外部系统联系沟通，促进学校管理随机应变，主动适应教育发展的需要。

对于学校家庭合作共育，人们开始意识到家庭、学校、社会必须共同承担教育责任，三者相互影响、相互配合、资源共享、协调合作，构建三位一体的合作教育模式，共同促进教育和

---

[1] 姚炜.权变管理理论研究[D].苏州：苏州大学，2003.

孩子全面发展。同时学校开始注重家庭、学校、社会之间的联系沟通以及互助合作，适应政府教育政策的变化，采取新的管理措施，充分利用家庭、社区、社会的教育资源和共同的教育目标，鼓励、吸引家庭、社区参与学校教育，使学校教育成为与外界联系沟通、资源整合、信息交流的开放系统，促进教育质量提高，推进教育改革与发展。

学校作为重要的社会组织，要获得良好的社会形象和丰富的社会资源与社会关系，就要与学校内部和外界建立良好的公共关系，促进学校与其他组织联系与协作，这样便产生了学校公共关系。所谓学校公共关系，简言之，就是学校作为一个社会组织，为实现其教育目标，与社会各个子系统建立的各种公共关系。① 学校公共关系是一门管理哲学，其方法是通过各种行政管理、沟通媒体、行销策略等，有计划地协助学校与家庭、社会民众等，实施信息双向回馈、交流，建立彼此了解、和谐的双赢关系，塑造良好的学校形象和社会信誉，最终达到预定的教育目标。学校公共关系工作就是学校采用各种新闻媒体和传播手段，为了树立良好的社会形象和教育品牌，得到公众的理解、信任、支持、合作，进行促进学校发展的管理实践活动。学校公共关系及其工作的目的是促进教育目标的实现，与社会各界建立良好的公共关系，促进学校树立良好的社会形象和声誉，这便是学校家庭合作共育的重要目标。

三、学校公共关系理论

学校公共关系理论即学校作为开放的系统和组织，运用各种公共关系传播手段获得家长、学生和社会等各方理解、信任、支持与合作，树立良好形象，建立良好社会声誉。学校公共关系学最早的研究对象是学校内部公共关系，即学校管理人员与教师和职工之间的关系，运用人际关系思想研究教育行政和学校管理的公共关系。教职员参与学校管理，成为学校公共关系学研究的重要内容。20世纪60~70年代，教育改革的发展、家长选择教育运动的发展、教师集体谈判的出现以及各利益集团参与教育的要求，使学校外部公共关系成为学校公共关系理论和学校公共关系学研究的重要内容，促使学校由封闭的系统转向开放的系统，使家长的地位在学校公共关系中日益突出。可见，学校公共关系理论是学校家庭合作共育的理论基础，对学校家庭合作共育发展具有重要的理论价值和实践意义。此外，美国公共关系学家艾维·李认为，在知识经济时代，任何组织都是一个开放系统，需要不断地与外界进行信息交流和相互联系，才能谋求一个适应社会发展的有利环境。② 学校更是如此，已经不是四面高墙的象牙塔，而是应满足社会发展和自身发展需要的开放系统。为谋求学校发展的有利环境，行之有效的方法是大力开展学校公共关系的传播，争取家长、社区和社会组织的支持与合作，从而为学校建立良好的社会声誉。

四、合作教育理论

合作教育思想是学校家庭合作共育的理论基础，主要有苏联、美国、英国等学者提出的

---

① 叶晓璐.家校合作的理论基础研究[J].职业教育·理论研究,2010(27).
② 叶晓璐.家校合作的理论基础研究[J].职业教育·理论研究,2010(27).

合作教育思想或理论。20世纪80年代苏联出现合作教育学派,提出了合作教育理论。此理论也被称为"合作教育学"理论,极大地促进了教育理论发展和教育改革。合作教育学派主要代表阿莫纳什维利创造了合作教学模式,提出教学民主、师生相互信任、相互尊重、相互合作、共同创造的和谐关系和交往方式,提出许多合作教育方法,例如请求帮助、仔细倾听、尝试练习、孩子找错和做出答案等,促进孩子快乐认知、快乐教育。

以马斯洛和罗杰斯为主的美国人本主义心理学家提出了人本主义师生合作教育思想。该思想主张,教师是关键,倡导建立伙伴型平等合作的师生关系,教学要以孩子发展为目标,要遵循相信学生、师生平等合作、学生自由选择分析三大教学原则。

美国学者艾普斯坦提出家庭、学校和社区合作教育理论。她对学校家庭合作共育进行了基础性研究,认为学生、家庭、学校是学校家庭合作关系中地位平等的成员,强调家庭、学校和社区对孩子教育负有共同责任,把学校家庭合作教育的范围扩展到学校、家庭、社区三者之间的合作,将亲子教育、家校沟通、家长参与、社会协作纳入学校家庭合作共育的范围,提出了普遍认同的学校家庭合作共育六大领域的内容。

五、校企合作教育理论

校企合作教育思想是1906年美国辛辛那提工程学院教授汉曼·施奈德首先提出来的,即把课堂教学与工作实践相结合的合作教育[①]。这种"学工交替"的合作教育思想使一些美国大学在世界上取得了较大影响,而且其思想萌芽早在19世纪初就有人提出。英国桑德兰特技术学院认为,注重知识和理解的传统教育培训已不能适应社会对人才的新需求,学生在学习课程时,还应获取一些工作经验,这样就产生了在教学过程中夹有工作训练的教育模式。德国"双元制"是校企合作教育的典型代表。1869年,德国政府颁布《工业法》,确定了"双元制"企业办学主体的地位以及企业实训的作用,并通过职业学校对企业学徒进行文化知识教育。

以上这些学校家庭合作共育思想或理论,主要从师生教学合作、合作教育方法、合作共育范围以及合作教育深度等方面,为学校家庭合作教育提供了组织理论研究,促进了学校家庭合作共育理论发展和实践探索。

第三节 学校家庭合作共育社会个体理论

一、责任分散理论

责任分散理论也称为责任分散效应或旁观者效应,即群体完成任务时,个体自己退缩、责任感降低,期望他人承担责任,造成人多不负责、责任不落实的不良结果和效应。该理论是由莱特·福特提出来的。他认为,母亲和教师被赋予了教育孩子的最多责任,母亲在家独

---

① 冯晓波.美国的校企合作教育[J].职业教育研究,2011(4).

自承担家庭教育的责任,教师单独承担学校教育的责任,他们都是孩子教育的指导者和参与者,但二者不是孩子教育的天然合作者。在传统教育体制下,学校往往认为,家长参与学校教育是对学校的干涉。同时家长也得不到学校的教育指导,这样家长和学校都得不到真正的交流与合作,造成学校认为家长缺失教育责任,家长认为教育孩子的责任全部归于学校,结果出现家庭和学校教育责任不明确,相互不参与、不合作的局面,导致教育质量不高,辍学率和逃课率较高,这就是传统家庭教育和学校教育分离的特点。可见,学校家庭合作共育不仅重要又必要,而且有助于家庭和学校实现孩子教育双赢互惠,从整体上提高教育质量,促进孩子全面发展、健康成长。在传统教育中,家庭和学校教育分离就是教育责任分散效应的具体表现。

二、责权统一理论

责权统一理论是管理学的重要理论。即在组织管理活动中,责任与权力是相互影响与制约的关系,责任是由担当的职务所决定的,权力是履行责任的保证,因此组织活动必须坚持责任和权力相统一的原则。在学校家庭合作共育的过程中,学校与家长有共同的教育目标,学校管理制定许多有关家长参与的各项决策和措施,可以增强家长在学校管理中的主人翁意识和责任感,家长最了解学生的成长经历、兴趣、爱好、需要等,家长参与学校决策具有较强的针对性;同时学校也要履行自己的教育责任,行使教育权利,促进家长参与教育,指导家长正确教育子女。

三、家长教育权益理论

家长教育权益理论包括学校家庭合作共育中的家长功能理论、家长参与权理论和家长教育权利理论。家长功能理论认为,家长在学校家庭合作共育中发挥着各种功能,主要包括知情监护、监督管理、教育权利三种功能,它们促进家长、学校和社区之间的合作以及孩子发展。家长的知情监护功能即家长在参与学校家庭合作共育的过程中了解学校教育,知悉教育政策,同时保护孩子的教育权利不受侵犯,保护孩子身心健康。家长的监督管理职能是指家长参与学校教学和运作的监察和决策,协助学校日常运作、向学校提供资源援助、分担学校管理责任、支持学校教育改革、主动承担家长责任等。家长的教育功能是指家长在学校家庭合作共育中促使学校适当照顾学生需要,形成学校家庭合作共育的凝聚力,促进孩子提高学业成绩,促使家长自身获得接受教育的学习机会,促进学校改善教学和管理,促进学校教育质量和教育效率提高,支持学校迎接挑战、勇于改革和发展,充分发挥家长和学校的协同教育作用。

四、家长参与权理论

家长参与权理论是指在学校家庭合作共育中保护家长的教育权和参与权,家长有权参与学校教育活动,重视在学校教育中的相关权利,促进学校更好地办学与管理,使子女接受良好的教育。家长的参与权主要包括家长参与学校教育的知情权、提案发言权、共同决定权。所谓知情权即父母了解学校，包括教学计划、教师管理、学生成绩及其评价方法、访问参观学校等各种权利，是保证家长参与学校教育和公共教育运行的基础性权利。提案发言权即教育行政机关和学校在教育决策前，在程序上回应家长解释并且家长有对教育政策或措施提出意见和建议的权利。共同决定权是指家长与教育行政机关、学校都处于平等地位，保障家长参与的决定权利，即学校和教育行政机关在教育决策前须征得家长的同意，否则教育政策或措施便不能生效。因此，共同决定权又称为家长的否决权。

五、家长教育权利理论

家长教育权利理论即家长教育权利由私人教育权利逐渐向国家公共教育权利转变的理论。在古代和传统社会，家长教育权利属于家庭私人领域的权利，包括监护权、抚养权、教育权、管理权等，国家法律和规范不予干涉和调节。到近现代社会，家长教育权利开始向国家教育权利和公共教育领域扩展和渗透，一方面家长部分教育权利受到法律法规的制约和监管，另一方面有部分家长权利演变为公共教育权利，并监管和约束国家教育权利。家长教育权利和国家公共教育权利相互制约、相互影响，共同保护孩子权利和教育，促进家庭和学校教育协同发展。

六、家长角色层次理论

家长角色层次理论是学校家庭合作共育的重要理论。美国学者大卫·威廉姆斯研究发现：家长渴望在学校扮演不同角色，按照学校家庭合作共育中家长扮演的角色，可将其分为三个层次[1]：①家长是学校家庭合作共育的学习者和支持者。家长通过参加学校举办的家长培训或家长教育课程，学习教育理论和科学的教育方法，对子女实施科学的教育，并配合学校教育。家长通过家长会、家长学校、教育咨询、家长访问等形式，了解子女教育情况、熟悉学校管理情况，支持学校教育。②家长是学校教育的自愿参与者。家长为学校提供无偿服务或资源援助，例如课外辅导、学生实习指导、技能训练、教育演讲、科技演讲、经验交流与研讨等。③家长是学校教育的决策者。家长通过学校委员会、学校董事会、家长咨询委员会、家长教师协会等组织，参与学校重大事情的决策。

七、动机期望理论

动机期望理论是学校家庭合作共育的基础理论。该理论认为，动机是期望、手段和期望回报的产物，重视个人成功经历对自我效能感增强的重要性，强调人的行为受多种因素影响，包括内部因素和外部因素。在学校家庭合作共育研究中，一方面家长自我效能是否增强，与家长是否加入教育资源体系，并认识到自身因素对子女教育的影响有关；另一方面家长的教育期望受其内部因素和外部因素的影响。家长的内部因素如文化素质、职业技能、教育观念、价值观和情绪情感等，直接影响着家长对子女教育的期望和动机以及行为；外部因

---

[1] 席春玲. 家校合作理论研究评述[J]. 当代教育论坛（综合研究），2010(4).

素包括环境期望、教师期望、亲属朋友期望等,环境期望如社会、家庭和学校对教育与教师的期望。这些期望能否实现,决定着家长能否与教师、学校成功地合作和交流。

八、家长参与学校教育的层次理论

家长参与学校教育的层次理论是学校家庭合作共育的重要理论。英国学者摩根研究家长参与学校教育,提出了家长参与学校教育的层次理论。该理论将家长参与性合作分为三个层次,即低层次参与性合作、高层次参与性合作、组织性平等合作,认为学校家庭合作共育层次取决于国家的教育法规与体制以及学校管理体制。在民主制度发达和民主思想活跃的国家,家长参与性合作表现为平等民主的组织型合作。采取高度民主的家长参与性合作,家长和教师处于平等地位,许多学校家庭合作共育相关的法律法规支持家长参与学校教育,实现真正的学校家庭合作共育。学校家庭合作共育采用"学习支持助手"的形式,使家长参与学校教学,成为教学助手。教学助手是从家长中招聘课堂教学的协助人员,他们受过专门培训,能够协助教师工作,从而更好地照顾学生的个别差异,提高教育质量,是学校家庭合作共育中高层次家长参与性合作的一种形式。

在儒家思想文化占主导的历史悠久的东方社会,教师和家长在学校家庭合作共育中处于不平等的地位,教师是学校教育的支配者和指导者,家长是学校教育的被动者和配合者,这种不平等造成家长和教师难以形成相互尊重、平等合作的氛围。即使家长有内在的积极性,但也由于处于教育制度外的不平等地位,也不能实现家长高层次参与的平等合作。

九、合作学习理论

合作学习理论是属于教师与学生之间完全互动的个体合作教育理论。19世纪初,美国教育家帕克认为学校是最适宜于实现民主并让孩子共同学习和共同生活的地方。[①] 杜威则把合作学习作为"从做中学"教学活动的组成部分。合作学习是以学生互动合作为主要特征的教学活动,此活动同时具有师生互动、教师间互动的完全合作特点,包含了合作成员之间相互依赖、交互作用、合作技能、个体责任、团队加工这五个基本要素。

此理论的基础理论丰富广泛,主要有社会互赖论、选择理论、发展理论(最近发展区理论和认知发展理论)、精致理论、接触理论、人本主义学习理论、自控理论、建构主义学习论。[②] 这些理论为合作学习理论提供了理论精华和理论依据。

以上这些理论为学校家庭合作共育提供了科学的理论依据,同时也要求不同国家和地区根据自身实际需要,采取不同的家长教育和学校合作教育模式,提高全国或区域教育质量,实现各民族优质教育。

---

① 席春玲.家校合作理论研究评述[J].当代教育论坛(综合研究),2010(4).
② 吴重涵,王梅雾,张俊.家校合作:理论、经验与行动[M].南昌:江西教育出版社,2013.

第三章 学校家庭合作共育的基本模式

第一节 模式及教育模式

一、模式

(一)模式的概念

模式是人们在日常生产、生活中经常用到的词,也是现代科学技术中普遍使用的一个术语,英文中类似的词有 pattern、model、type 等,在不同的语境中模式具有不同的含义。第一,当用于表述装饰、外观、服装时,模式大致等同于图案、款式、样式、花样等词语,比如"这件衣服款式很时尚",表明这件衣服的设计模式比较符合现代流行的审美观念。第二,当用于描述建筑、工业品、工艺品时,模式大致等同于模型、样品、样式等词汇,比如"这件工艺品样式很别致",意味着该工艺品的设计模式很特别。第三,当用于描述模仿和学习的榜样时,模式大致等同于模范、标杆、样板、示范等词汇,比如"深圳市探索出中国特色社会主义现代化道路的新模式",意味着深圳市探索走出的发展道路值得其他地区学习、模仿、借鉴。第四,当用于表示事物运动变化发展时,模式大致等同于规范、方式、形式。综上所述,模式既可用来表示静态事物、人物的风格、样式、特征,也可以用来表示某一事物运动、变化、发展的内在规律、规则、规程,还可以用来表示人类某一实践活动的操作目标、特点、方法、过程、要求等。学校家庭合作共育是一项有目的、有意识、有组织的规范化实践活动,学校家庭合作共育的模式很显然是指向最后一种。

模式是对问题的本质性把握,因此模式是理论。但与纯粹的抽象理论不同的是,模式对实践有切实的指导性,它介于实践与理论之间,是连通理论与实践的桥梁。模式是人们在实践探索中总结出来的,没有实践就没有模式,但没有理论的梳理、总结、归纳,也不会出现模式。当然,根据一定的理论,也可能演绎出某种行为模式,但是这种演绎的过程一定是经过实践检验的,一定不是该理论本身。所以,总体而言,模式来自实践,但又不是实践本身;模式在形式上是理论,但又具有鲜明的实践性。

此外,模式还是一种科学研究的方法,尤其在诸如教育学这种应用性比较强的学科内,人们总结出既基于实践又高于实践,最终还要运用于实践的方法,这就是模式研究法。我国著名学者查有梁教授认为,模式就是一种科学的方法,它的要点是"分析主要矛盾,认识基本特征,进行合理分类",其主要程序是:"按照研究的目的,将客观事物的原型抽象为认识论上的模式;通过模式的研究,获得对客观事物原型的更本质、更深刻的认识。"[1]这个过程就是将人类丰富的、局部的、具体的、孤立的、感性的实践经验上升到普遍的、抽象的、理性的、具有必然联系的规律的认知过程,是去伪存真、去粗存精、由此及彼、由表及里地认识事物的过程。模式研究是理论研究的重要形式和途径,原型是认识的基础,模式(型)是认识的结果,再回到原型(实践)是最终的目的。

综上所述,所谓的模式是指人们在社会实践(生产活动、生活经验、科学实验等)中,通过抽象、概括、归纳等方式提炼出来的用以解决实际问题的普遍规律,它是解决某一类问题的核心知识体系,是指导实践的方法论体系,也是获知该类知识体系的研究方法。也可以这样认为,把解决某类问题的具体方法、规则、程序总结归纳为一个体系,那就是模式。

(二)模式的特征

受查有梁教授观点的启示,要想准确把握模式的含义,必须厘清模式与过程、结构、方法之间的关系。就模式与过程的关系而言,模式包含若干过程,模式的展开就是事物发展的进程;过程中也包含若干模式,事物发展的过程是某些模式运演的结果。就模式与结构的关系而言,结构体现事物的内部系统与要素,以及要素与要素的关系,一个模式就是一个结构,反过来,一个结构也就是若干模式甚至是一个模式。但是,模式也区别于结构,结构表明整体与要素的关系,以及要素之间的关系,而模式重点表明一个动态过程及操作程序。就模式与方法之间的关系而言,模式的操作性表明它是由若干方法构成的,但模式又不是方法本身,可以说模式等同于解决该类问题的方法论。因此,模式涵盖方法,需要具体方法支撑。因此,当我们表述模式的时候,可能会以结构为代替进行表述,也可能会以方法为代替进行表述,还可能直接以过程为代替进行表述。

(三)模式的功能

研究事物的模式对于理论和实践者来说都具有重要的意义。其一,可以通过对具体事物或实践活动的理性认识,认清事物的本质,总结出事物运动、变化、发展的规律,知晓实践活动的运行规则、程序、方法。其二,可以帮助人们从纷繁芜杂的经验中概括出实践的关键环节、重点要求和重要方法,有助于高效地完成任务,或者做出类似的设计方案,推动实践进步。比如,互联网时代的营销模式之后,引起了商业运行模式革命性的变化,大量类似的商业行为应声而起。著名教育家李吉林教师所创设的"情境教育"模式,深化了人们对教育情境的理解,丰富了已有的教学模式,提升了教学效果。

二、教育模式

教育模式是一种简化的、理论化的教育实践范式,是教育过程结构化的结果,通过若干方法实现并体现在整个教育过程之中。教育模式是对丰富的教育现象和实践经验进行总结提升的结果,需要接受理论的检验。同时,它又要回到实践中去,接受实践的考验。逻辑的

---

[1] 查有梁.教育模式[M].北京:教育科学出版社,1999.

自洽和实践的验证是评判一个教育模式科学性的关键。所以,查有梁说,"教育模式,推上,有理论基础;推下,有操作程序。模式处于理论与应用的中介。在理论与实践之间,模式能够承上启下"①。能够在理论与实践中承上启下的教育模式,才是正确的、有用的和确证的。比如《中庸》将"为学之序"概括为思、辨、行等五种基本的学习方式及其内在关系。这是我国古代学习模式的高度凝练,是东方人学习智慧的总结,得到了两千多年的实践检验,因此至今仍具有重要价值。由此可见,只有将教育经验上升到模式,它才可能是理论的,也只有将理论落实到模式的层次,它才可能是实践的。

在古今中外教育历史发展中,人们总结出许多教育模式。中国古代的孔子可以说是启发式教学的鼻祖,其思想的核心是:"不愤不启,不悱不发,举一隅,不以三隅反,则不复也。"朱熹在总结前人经验的基础上提出了循序渐进、熟读精思、虚心涵泳、切己体察、着紧用力、居敬持志六大读书法。苏格拉底是西方教育思想的启蒙者,对启发式教学模式的高度概括,包括不断提出问题,使学生陷入矛盾之中、启发、引导学生,使学生通过自己的思考得出结论、归纳和使学生逐步掌握明确的定义和概念等步骤。

近代夸美纽斯班级授课制的核心思想是:把学生按照年龄和认知水平分成不同的班级,根据周课表和作息时间表,由教师有计划地对同一个班的全体学生同时进行同样内容的教学。②赫尔巴特提出了明了—联想—系统—方法教学模式论。③杜威提出了问题解决的五步法:第一,给学生提供一个真实的经验的情境——要有一个学生感兴趣的、愿意继续下去的活动;第二,在这个情境内部产生一个真实的问题,作为学生思想的刺激物和活动目的;第三,学生通过调用已有知识、查阅新的资料、从事必要的观察来解决这个问题;第四,学生必须一步一步地提出解决问题的方法;第五,学生要通过实际活动来检验他的解决方法,使这些方法更加清晰具体,并且验证它们是否有效。在教学中,教师可根据具体情况省略其中的某个步骤。中国的教育家陶行知根据杜威的思想,提出了"教、学、做合一"的生活教育模式:教的方法根据学的方法,学的方法根据做的方法;怎样做便怎样学,怎样学便怎样教;教与学都以做为中心;在做上教的是先生,在做上学的是学生。

现当代中西方教育模式非常丰富,国外布鲁纳的发现教育、布鲁姆的目标教学、巴班斯基的教学最优化模式,都产生了较大的影响。④自20世纪90年代初我国素质教育思潮兴起以来,有人总结出素质教育的三大模式:上海市闸北第八中学的"成功教育"模式,江苏省南通师范学校第二附属小学的"情境教育"模式,北京第一师范学校附属小学的"快乐教育"模式。这些模式是素质教育的具体体现,而素质教育又可以被视为一个大的教育模式。近年来,在新课程改革的大潮中,我国又诞生了许多新的教育教学模式,如杜郎口"10+35"模式,即教师用10分钟分配学习任务并予以点拨引导,学生用35分钟进行自学、合作、探究。杜

---

① 查有梁.教育模式[M].北京:教育科学出版社,1999.
② 邱兰君.从班级授课制中透视夸美纽斯的教育思想[J].大学教育,2013(20).
③ 王秋霞.赫尔巴特与杜威教学法的比较及启示[J].中学语文教学参考,2019(24).
④ 洪明.家校合作共育论[M].北京:教育科学出版社,2021.

郎口模式呈现出三个特点,即立体式、大容量、快节奏。杜郎口模式的课堂结构有三大模块,即预习、展示、反馈。其中,课堂展示模块突出六个环节,即预习交流、明确目标、分组合作、展示提升、穿插巩固、达标测评。这三大模块和六个环节就涵盖了杜郎口"10+35"模式的核心内容。[①] 由此可见,教育模式一般有统一的称谓、明确的内容,具有规范性、可复制性、理论与实践高度结合等特征。

根据对模式与过程、模式与方法、模式与结构关系的分析,可以认为,一个完整的教育模式体现在教育过程之中,在一个个环节或结构中以一定的方法具体呈现。再以杜郎口"10+35"模式为例,该模式包括预习交流、明确目标、分组合作、展示提升、穿插巩固、达标测评等环节,这些环节其实就是该模式的实践过程,同时又体现为一个个具体的方法,还表现为整个课堂教学的结构。可以说,模式、过程、结构、方法是一个有机的整体,模式是通过过程、结构和方法来实现的,体现为教育主体、教育对象、教育内容、教育方法等要素的内在关系和规律。

第二节　学校家庭合作共育模式

一、学校家庭合作共育模式的基本含义

学校家庭合作共育模式属于大的教育模式范畴,服务于教育总体目标,既要符合教育基本规律,又要符合合作规律。根据前面对模式的理解,学校主导下的学校家庭合作共育模式是指学校、家庭在科学的合作与教育理念指导下,围绕素质教育的基本目标,整合各种教育资源,最大限度地开发学生的潜能,促进学生德、智、体、美、劳全面发展而采取的各种合作共育方法、策略、途径、机制等要素的优化组合,表现为学校、家庭相互配合、协调一致而形成的行之有效的制度设计、行动方案、工作模型、操作流程。

第一,学校家庭合作共育模式是学校主导下的学校家庭协同行为。学校与家庭是学校家庭合作共育的两个主体,地位平等,但由于学校在专业和制度上具有优势,在实际工作中学校应该发挥主导性作用。学校家庭合作共育工作是学校工作的重要组成部分,学校负责学校家庭合作共育的组织、设计、协调、评价等工作,家长应该积极主动地配合学校。《中华人民共和国教育法》第五十条规定:"未成年人的父母或者其他监护人应当配合学校及其他教育机构,对其未成年子女或者其他被监护人进行教育。学校、教师可以对学生家长提供家庭教育指导。"这就意味着,家长在开展家庭教育的同时,应主动配合学校教育工作,学校有权利对家长进行指导。《中华人民共和国未成年人保护法》第十二条明确规定:"父母或者其他监护人应当学习家庭教育知识,正确履行监护职责,抚养教育未成年人。有关国家机关和社会组织应当为未成年人的父母或者其他监护人提供家庭教育指导。"该条意味着,指导家

---

① 洪明.家校合作共育论[M].北京:教育科学出版社,2021.

长不仅是学校的权利,还是学校的义务。

第二,学校家庭合作共育模式是围绕学生发展这一目标而展开的。人的发展是持续的、终身的、全面的过程,从大的方面看,学校家庭合作共育模式是为实现整个教育目标——促进人的全面发展而展开的。但人的全面发展需要分解为若干具体目标,因此从细节上看,学校家庭合作共育模式又可以分解为若干小的方面,如学校家庭合作提升学生学习品质模式、学校家庭合作培养孩子的抗逆力模式、学校家庭合作预防和治疗网络成瘾模式、学校家庭合作培养学生自信心模式等。学校家庭合作共育的具体目标与任务不同,学校家庭合作共育模式就会有不同的表现和工作重心。当然,育人是根本目的,单靠哪一方都是不可能完成这一任务的。因此,为了这个根本目的,学校和家庭都要进行相应的转变,尤其是学校,应树立大学校观,秉持全程育人、全员育人、协同育人思想,在优化自身育人功能的同时,不断提升家庭育人水平。

第三,学校家庭合作共育模式要求教师具备相应的专业素质。学校的使命固然是教书育人,服务对象自然是学生,但为了完成教书育人的使命,必须让家庭发生相应的变化,与学校保持一致。同时,学校也要主动地适应家庭的变化,认真听取、合理吸收家长对育什么人、如何育人等问题的意见,将家长资源转化为学校资源。有的教师认为,自己的工作就是上好课、把孩子带好,自己不懂家庭教育,也没有必要懂家庭教育。这种认识是错误的。如果家长不发生转变,学校教育效果将大打折扣,有时候甚至是徒劳的,特别是在做人方面,家长的影响往往大于学校。2013年美国教育部联合SEDL非营利教育组织提出了"建构学校家庭关系的能力"框架[①],其目的是设计家长参与活动,培养学校与家长成功参与学生学习的合作能力。这个框架对教师的学校家庭合作能力提出了相应的要求:能够尊重家长所具有的知识、技能与参与过程;能够创造并保持一种促进家长参与的学校和社区文化;能够举办家长参与活动,将家长与孩子的学习与发展紧密联系起来。相应的,作为家长也应该在与学校或学区建立教育合作伙伴关系的过程中扮演好以下几种角色:学生学习和发展的支持者,学生积极意识的鼓励者,学生行为与习惯的监督者和模范者,学生学习活动的组织者,学生、学校和社区学习的决策者。此外,家长还应该与教师或社区成员一起成为学校改革的建议者。

第四,学校家庭合作共育模式是学校家庭合作育人的理论和工作模型。学校家庭合作共育模式主要表现为一系列活动和组织形式,包括制度设计、行动方案、操作流程、工作模型等。这种实践模式被证明是行之有效的,是从实践中来又经过实践检验的。模式的构建过程是科学的,需要系统解释和论证学校家庭合作共育的目标、方法、过程、结构、理论基础、内涵、依据、效果及可行性等,其中,理论是基础,目标是灵魂,结构和方法等是重点。理论问题着重回答该模式的理论起点是什么,是在什么理论指导下提出和开展的。模式所体现的程序性知识是个理论过程,是在对实践经验进行梳理、提升、抽象等的基础上所形成的。目标是学校家庭合作共育工作的灵魂,一种模式首先要清晰地说明要达到什么目的,为什么要确

---

① 蒋世萍.美国建构家校关系的能力框架[J].现代教育科学,2015(12).

立这样的目标;学校家庭合作共育的总体目标是什么,目标是如何分解的;学校家庭合作共育目标要转化成哪些可以执行的具体任务,落实这些任务需要的基本条件。实施过程、步骤和操作程序其实是对理论的展开,需要对具体学校家庭合作共育情境进行客观描述和分析,最终提供一套能够完成某一学校家庭合作共育目标和任务的操作流程;或者说,根据目标与任务,结合实践场域所具备的软硬件条件,提出一整套行之有效的操作方法和程序,主要包括制度设计、技术条件等。

二、学校家庭合作共育模式的分类

第一,根据学校家庭合作共育形式,可以将学校家庭合作共育模式划分为单一性合作共育模式和综合性合作共育模式。与学校家庭合作共育模式概念相近的是学校家庭合作共育形式,它是为了实现学校家庭合作共育目标而在实践中采取的组织形式和工作方式。而学校家庭合作共育模式是学校家庭合作共育目标、任务、方法、结构相统一的固定结构,比具体的某种学校家庭合作共育形式更加规范,具体学校家庭合作共育形式是学校家庭合作共育模式的具体步骤。每种学校家庭合作共育形式都可能发展成为一种模式,即单一性合作共育模式。单一性合作共育模式是指目的和任务单一、结构清晰、方法固定的合作共育模式,如家访、家长会、家长论坛、家长互助中心、家长委员会、家长教师协会等。综合性合作共育模式一般是围绕一个较大的目的展开,由若干个单一的合作共育形式构成,或者以一种合作共育形式为主,兼顾其他形式。比如家长开放日,可能会集合多种合作共育形式于一体,将家长培训、参观校园、学生展示等结合起来。

第二,根据学校家庭合作共育途径,可以将学校家庭合作共育模式划分为基于传统媒体的学校家庭合作共育模式和基于新媒体的学校家庭合作共育模式。学校家庭合作共育工作离不开媒介,传统媒介主要包括人本身以及纸质媒介、影像媒介等。新媒介主要指基于互联网的各种媒体,比如今天普遍使用的班级微信群。有的学校班级微信群搞得好,和谐而高效,但有的班级微信群则成为班级矛盾的爆发地,主要是因为班主任作为群主不知道班级微信群的属性是什么,更不知道如何管理微信群等。新媒介的优势在于具有便捷性、交互性、丰富性,但人是情感动物,互联网技术再发达也不能完全取代传统媒介。

第三,根据学校家庭合作共育的主导者,可以将学校家庭合作共育模式划分为班主任主导的合作共育模式和其他教育者主导的合作共育模式。从大的方面说,学校家庭合作共育的主导者可以是组织,也可以是个人。教育部门、妇联、学校都可以是合作共育工作的主导者。这里主要是从日常具体实践来划分的。班主任是日常班级管理的主要负责人,与家长打交道最多,因此学校日常所开展的学校家庭合作共育活动主要由班主任主导。育人与班级管理的工作需要,促使班主任构建一整套与家长交往的思想与行为模式。除了班主任外,学校里还有其他主体开展学校家庭合作共育,比如学科教师、少先队、共青团等。

第四,根据学校家庭合作共育的具体目标,可以将学校家庭合作共育模式分为家校沟通模式、家长指导与支持模式、家长参与模式。家校沟通是日常最重要的学校家庭合作共育模式,既包括学校家庭之间的信息沟通,也包括学校家庭之间的情感联系。家访、家长开放日、家长会是家校沟通的重要形式。家长指导与支持模式是指学校和教师对家长进行教育、培训、指导、服务等工作,家长学校就是学校家庭合作共育的重要模式。家长参与模式是指家长通过正规或非正规的渠道参与学校事务,引导家长积极参与是学校家庭合作共育的重要内容,家长委员会是家长参与模式的重要形式。

三、学校家庭合作共育模式的研究成果述评

学校家庭合作共育模式受历史、文化的影响,更受教育者认识水平的影响。探索理想的学校家庭合作共育模式是教育学人共同思考的问题,目前已经取得了较为丰硕的成果,这对于本研究具有十分重要的意义。

第一,对学校家庭合作共育的基本内容和基本任务进行概括梳理。学校家庭合作共育的内容非常丰富,体现在提升家庭教育水平、改进学校教育教学、整合教育资源等许多方面,概括梳理学校家庭合作共育实践的主要活动内容及相应形式是提炼学校家庭合作共育模式的基础。关于学校家庭合作共育类型,美国学者戴维斯[①]将学校家庭合作共育活动加以归纳并分为以下四种基本类型:①解决目前教育中存在的问题,如约见家长、成立家教咨询委员会等;②促使家长参与其子女的教育,如开展家庭教育指导、家长开放日等;③利用社区教育资源来丰富学校教育,如参观博物馆、开辟校外教育基地等;④吸收家长参与教育决策,如家长委员会、家长—教师协会等。

美国约翰·霍普金斯大学学者爱泼斯坦提出在学校、家庭、社区之间发展一种新型伙伴关系的思想,并将自己的理论概括为交叠影响域理论。该理论认为,学生受到学校、家庭、社区的共同影响,三者具有共同的目标和责任,对学生发挥着交叠影响作用,学生在这个关系中处于中心地位,三者的相互伙伴关系将促进学生的自主发展。爱泼斯坦进一步将学校家庭合作活动归纳为六大类[②]:一是当好家长——帮助所有家庭建立视孩子为学生的家庭环境;二是相互交流——构建学校家庭双向沟通的有效形式,交流学校教学和孩子的进步;三是志愿服务——招募并组织家长志愿者支持学校工作;四是在家学习——向家长提供如何在家帮助学生的信息和观念,包括帮助孩子做家庭作业、完成课程相关活动、进行学习决策和计划;五是参与决策——让家长参与学校决策,培养家长领导者和家长代表;六是与社区协作——识别和整合社区资源与服务,改善学校教学、家庭实践以及学生的学习和成长。爱泼斯坦的理论和经验在中国有着较大的影响。

第二,对学校家庭合作共育内容进行分层。根据学校家庭合作共育的基本目的、主要任务和主题,英国学者摩根[③]将学校家庭合作共育分为低层次(如访问学校、开放日等)、高层次

---

① 刘衍玲,臧原,张大均.家校合作研究述评[J].心理科学,2007,30(2).
② 吴重涵,王梅雾,张俊.国际视野与本土行动:家校合作的经验和行动指南[M].南昌:江西教育出版社,2012.
③ 岳瑛.基础教育新理念:家校合作[J].外国中小学教育,2002(2).

(如经常性家访、家长参与学校课堂教学与课外活动等)和正式的组织上的参与(如家长咨询委员会)。美国学者潘格[①]的划分与这个思路基本一致,将家长参与学校的层次由低到高细化为七个,每一层的参与需要家长具有不同的技巧和知识。七个层次分别为:①学校向家庭传输信息,家长只是"听众";②学校与家庭之间进行双向的信息传输,家长根据学校提供的信息与学校合作,在家负责子女教育;③家长参与再教育活动,学习如何教育子女;④家长志愿在学校各种活动中帮忙;⑤家长参与相关的组织,如家长教师联谊会、家长协会等;⑥学校在制定重大政策时向家长征集意见,家长成为学校的顾问;⑦家长参与学校管理,加入学校管理委员会。家长权利逐步落实,最后一个层次是最高层的家长参与方式。

第三,对学校家庭合作共育模式进行初步的总结。何瑞珠教授将学校家庭合作共育分为"以校为本"和"以家为本"两种基本类型,也可以视为两种基本模式。顾名思义,"以校为本"的学校家庭合作共育模式意味着学校家庭之间开展的各种活动都围绕学校而设计,主要活动形式包括建立家庭中心、学校家庭教育辅导、招募家长志愿者、家长参与学校事务管理、家庭学校研讨会等;"以家为本"的学校家庭合作共育模式意味着学校家庭之间开展的各种活动都围绕家庭而设计,主要活动形式包括家庭和社区家长教育、建立社区家长与孩子发展中心、开展家庭学习活动、家访等。这种划分逻辑比较清晰,便于理解与操作,是从模式的角度深化学校家庭合作共育研究的阶段性成果。

在国外较具代表性且被广泛认可的学校家庭合作共育模式理论是戈登的三种模式说[②]和Swap的四模式说[③]。戈登认为,学校家庭合作共育模式包括以下三种:①家庭影响模式,指学校通过家访或各种各样的交流技巧深入家庭,了解家长的需要;②学校影响模式,指家长以志愿者或家长委员会成员的身份参与到学校各种事务或管理中去;③社区影响模式,指利用社区的主要资源来加强学校和社区的合作。和爱波斯坦等人的思路不同,Swap在总结模式时强调学校和家庭的相互关系:①保护性模式,家庭仅仅强化学校灌输的价值观念,家长担任消极的角色;②传递信息模式,学校与家庭之间进行双向沟通,共享信息;③丰富课业模式,学校向家庭特别是低收入或低学历背景的家庭提供帮助,使学生加强在校及在家的学习;④伙伴模式,学校与家庭共同制订计划、做出决策和分担责任。

学校家庭合作共育模式的概括、提炼,需要对学校家庭合作共育的目标、任务、组织形式和方法等要素进行认真梳理、总结、提升,并将社区教育纳入学校家庭合作共育之中,这些成果的价值毋庸置疑,为更加科学地概括学校家庭合作共育模式奠定了基础。但上述概括的不足之处也比较明显,主要表现在:其一,没有涵盖学校家庭合作共育的所有任务。在学校家庭合作共育过程中极为重要的一环是学校教师对家长和家庭教育的相关信息进行充分了解和研究,然后才能有的放矢地开展活动。这属于学校家庭合作共育的重要内容,上述研究

---

① 周欣悦.谈中美家长参与教育的差异[J].教学与管理,2003(8).
② 孙孝花.谈美国家长参与学校教育[J].内蒙古师范大学学报(教育科学版),2004(6).
③ 周欣悦.谈中美家长参与教育的差异[J].教学与管理,2003(8).

都没有充分考虑。其二,学校家庭合作共育过程与结构关系有待进一步厘清。比如,何瑞珠归纳了"以家为本"与"以校为本"两种学校家庭合作共育模式,明确了学校家庭合作共育的两个工作重心,但是"以校为本"与"以家为本"两种模式的工作目的和任务交叉明显。又如,潘格七层次划分中前两层次可以理解为家校沟通,第三层次可以理解为家长教育,第四层次可以理解为家长志愿服务,第五、六、七层次可以理解为家长参与。七个层次包括家校沟通、家长教育、家长志愿者、家长参与等不同问题,不能说明家长参与在逻辑上属于最高层次。再如,爱泼斯坦虽然难能可贵地把学校家庭合作共育内容分为六类,基本涵盖了学校家庭合作共育的主要内容,但没有清晰地说明六类之间的关系、如何保障落实以及如何发挥学校的主导作用。其三,更为重要的是,上述研究没有从工作结构、工作流程以及工作方式等角度对学校家庭合作共育模式加以说明,使得学校家庭合作共育工作变成一个个单独事务,而理想的模式是一个整体,是为了一个共同目的而设计的系统化的结构,各个部分之间是有机联系的,共同服务于教育孩子这个目标。

第三节 学校家庭合作共育的基本模式

一、学校家庭合作共育模式的基本形态

(一)基本假设

第一,教育的根本目的是促进孩子全面发展,家庭和学校是孩子健康成长最重要的两个教育系统,二者自身的教育能力及其合理分工与合作是孩子健康成长的根本保证。而现实中这两个教育系统不仅自身存在一定问题,在分工协作中也存在一定问题,不能完全满足孩子的发展需要,亟待改进。

第二,家庭教育是家长根据孩子在不同成长阶段的学习任务和需要而展开的,家长的教育困惑是由孩子的成长现状偏离自己的预期以及自身家庭教育能力不足所导致的。家长在教育孩子的过程中需要专业的、及时的、全面的帮助与指导,但现实中家庭教育指导与服务体系还无法满足这一需求,家长无法实现自我唤醒和自我提升,急需以学校为主的外部力量的帮助。

第三,学校是孩子健康成长的主渠道,但学校教育也存在一定问题,如长期的体制化容易造成僵化,孤军奋战且资源有限,集体教育难以满足个性化发展的需求,办学能力还需要进一步提升,教育效果的达成需要外部条件等。同时,学校在与家庭合作共育的过程中也容易出现简单化、命令式等问题。因此,学校自身教学与管理亟待改进,需要引导家长这个天然同盟军的参与和配合。

学校由于自身使命、专业化程度、条件及与家长的关系,有责任、有义务、有能力通过学校家庭合作共育提高家长的教育素质,改善学校家庭关系,提升教育质量;家长由于与孩子的责任关系、情感关系及天然条件,有责任、有义务、有条件接受学校的指导与帮助,提高自

身的教育水平,配合学校教育教学,提升学校办学水平。

(二)学校家庭合作共育的基本模式

无论从哪一方面说,学校家庭合作共育都是为了学生的全面发展,都是为了成就每一个学生,实现这一目标需要家庭和学校共同努力,因此需要提高家庭和学校的教育水平,完善教育内容,提高教育质量。在学校家庭合作共育过程中,学校是学校家庭合作共育的主要发起者、组织者、实施者,学校和教师应该突显主导性、主动性和专业性;家长也应该发挥主动性,担当好学校家庭合作共育的积极配合者、建议者、参与者、协调者。学校家庭合作共育模式的基本职能就是让学校和家庭各自发挥应有功能,最大限度地促进孩子的成长。从学校角度来看,要想达成上述目标,必须让家长形成正确的教育观念,掌握科学的教育方法,形成积极的学校家庭合作共育意识,学会有效的学校家庭合作共育方法。

根据学校家庭合作共育目的和学校的主导性角色,以及学校家庭合作共育实践的基本过程和结构,学校在合作共育中的主要工作任务应包括:①读懂家长,了解、研究家长,及时与家长沟通;②教育、引导家长,以提高家长的教育胜任力;③服务与支持家长,通过整合各种资源,创造可能的条件,服务家庭教育;④引导家长参与学校教育,通过制度建设等引导家长参与学校管理、教学、服务等办学过程。这四大方面既涵盖了学校家庭合作共育的基本内容,也体现了学校家庭合作共育的基本过程,又暗含着学校家庭合作共育的基本方法。这四大方面包含了学校家庭合作共育模式的四个二级模式。

将上面对学校家庭合作共育的认识整合起来,可以将学校家庭合作共育模式概括为"一个目标,两个纬度,四项任务"。一个目标,就是"育人为本、成就孩子"。两个维度即两个工作指向:学校更好地服务家长,提高家庭教育水平,构建"学校般家庭";家长更好地配合学校,提高学校教育水平和效果,构建"家庭般学校"。这个模式大体可以从以下流程图(图1)中体现出来。

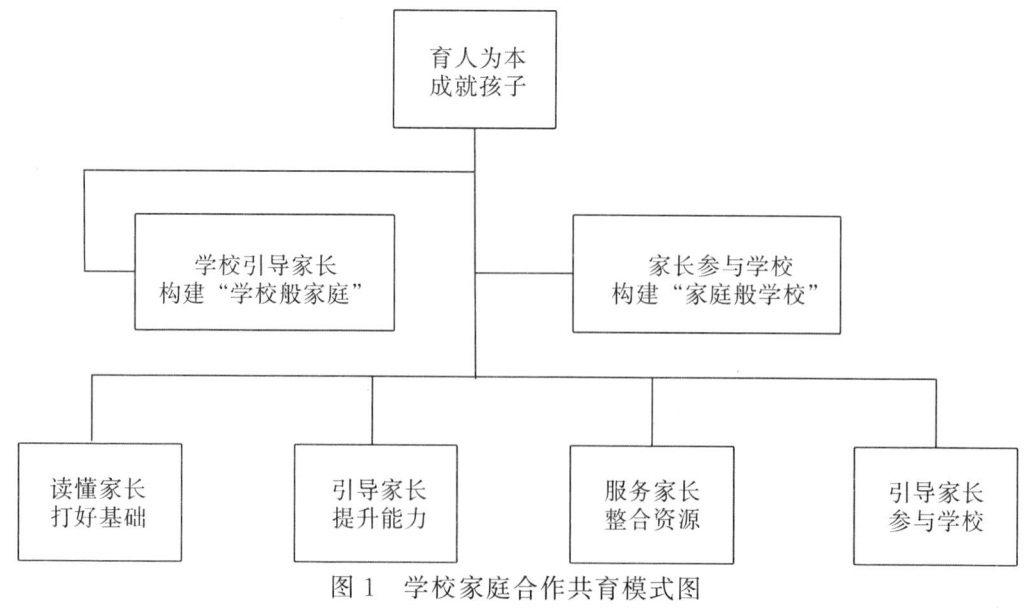

图1 学校家庭合作共育模式图

"育人为本、成就孩子",指学校家庭合作共育的根本目的是促进孩子的全面发展,凡是不以孩子健康发展为目的的合作行为都不属于学校家庭合作共育范畴。成就孩子的本意是:促进孩子全面发展,而不是片面发展;促进孩子的主动发展,而不是被动发展;以提升核心素养为目的开展素质教育,而不是以单纯学习文化课知识、提高应试能力为目的而开展应试教育。成就孩子,就是要让孩子学会学习、学会做事、学会共同生活、学会生存,培养具有创新精神、实践能力和社会责任感的人。成就孩子其实还有一个潜台词,那就是站在孩子的立场,尊重孩子的权利。面对涉及孩子的问题时,学校家庭要遵循孩子的意愿,保护好孩子的权益,增强孩子在发展中的主体作用。

学校引导家长参与学校,构建"家庭般学校",是指学校为构建现代学校制度、实现自我改进而做出的各种努力。学校通过建立健全家长委员会、家长开放日、家长会等家长参与机制,充分保障家长对学校教育的知情权、监督权和参与权,不断改善学校育人环境,提升育人能力;学校能够将家庭的气息融入学校,努力改善学校自身可能存在的弊端,更加关心学生的个人兴趣和意愿,优化课程与活动,为每个学生带来独特的成长体验;学校能够把学生视为具体的人、完整的人、鲜活的人、与众不同的人,树立以发展为导向的评价制度,设计差异化、个性化的评价体系,让学生感受到自己是受重视的"学校大家庭"的一员,唤醒他们身为人的价值感;学校能够像家一样包容每个孩子,能够意识到虽然统一的标准(比如作息制度、成绩要求、着装规范等)是必要的,但是不论制度多么健全,都无法替代健康向上的校园文化以及和谐融洽的师生关系所产生的积极作用。

学校引导家庭构建"学校般家庭",是指学校为提升家长的家庭教育能力而开展的家庭教育指导与服务工作。家长在学校的引领下,应做到以下方面:能够充分读懂孩子,根据孩子的年龄、性格等特征,在尊重孩子意愿的基础上为孩子设置合理的发展目标;能够很好地承担孩子的课业辅导,懂得在恰当的时机启发孩子,避免机械灌输,通过生动有趣的形式激发其学习积极性;能够像学校安排课程那样安排好孩子的学习与生活,让孩子学会生活,遵循既定的学习计划,主动承担适合其年龄阶段的责任,逐步养成基本的道德品质、行为习惯,逐步提高生活能力;能够不断改善孩子成长环境,搞好家庭关系,培育良好家风,以自身人格为孩子树立榜样;能够从小培育孩子的家国情怀和责任担当,处理好个人与他人、个人与社会、个人与国家的关系,培育和践行社会主流文化和核心价值观;能够学会利用社会资源教育孩子,积极配合学校,形成与学校、社会合作育人的局面。

四项任务,也就是教师的四项任务清单,同时也要求家长做出相应的行为。教师开展学校家庭合作共育应该具备如下能力。①读懂家长:就是要学会研究和了解家长,了解家长的整体状况和特点,了解特殊(孩子)家长的状况与特点;根据家庭教育问题读懂家长,根据具体的教育任务理解家长。②教育家长:根据家长特点和教育需求,设计家长教育课程,采取有效的家长教育形式,不断提升家长教育观念和能力。③服务家长:主要是指根据教育需要和家长的实际情况,为家长设计合适的家庭教育项目和任务;根据家庭教育需要,给予物质和精神上的帮助;在了解家庭教育状况的基础上,发现和诊断家庭教育中存在的问题,提出改进建议。④引导家长参与学校:调查家长资源,调动家长参与学校教育管理的积极性,设计合理的家长参与方式,虚心接受家长的意见、建议,不断改进学校教育。

二、学校家庭合作共育任务分解

用模式解释实践过程可能是模式研究的一个重要特征,因为一个大模式一般包括若干个次级模式,以此类推。要清晰地解释学校家庭合作共育模式,需要说明模式是干什么的,具体结构、任务、方法是什么,如何操作,以及结果的呈现方式是什么等。学校家庭合作共育的四个基本流程进一步分解如下。

(一)读懂家长

读懂家长包括了解家长、与家长沟通以及研究家长。过去的教育实践也非常重视对家长信息的了解,但重点关注的是家庭的常规状况,如家庭成员、家庭住址、家庭类型、家长文化程度、经济状况等,这种设计是单纯从学校教育角度出发的,忽视了家庭教育和学校家庭合作共育的重要性。因此,要实现真正高效的学校家庭合作共育,必须了解完整意义上的家庭状况,尤其是教育状况,诸如亲子关系,家庭教育观念、方式、特点、经验、问题等。要深入了解这些状况,仅仅依靠登记是远远不够的,需要通过科学的方法,全面、深入地研究每个孩子的家庭及家庭教育状况。

首先要全面。读懂家长,既要研究家庭的常规信息,如人口、住址、类型、经济状况、家长文化程度及特点等,也要研究家庭教育的基本状况,如亲子关系,家庭教育观念、方式、问题、特点等。办好一所学校,不仅要了解校情,包括师情、生情,还要了解家情,了解家情是学校教育的基础性工作。学校如此,对于一个班级来说亦是如此。

其次要深入。要充分挖掘家庭教育中的深层次问题。我们倡导将一般家庭研究与个别家庭研究相结合,既要研究全校、全班家庭教育的基本状况,也要研究个别家庭(根据教育需要确立)家庭教育的基本状况。学校尤其要关注有特殊教育需求或处于困境中的孩子的家庭及其教育状况。比如,要想解决"后进生"问题,不充分了解造成"后进"的家庭因素,单靠学校力量往往事倍功半。只有学会研究家庭,调动家庭的积极因素,减少来自家庭的消极因素,学校的教育才能有的放矢、事半功倍。

再次要科学。读懂家长、了解与研究家庭,需要科学的态度与方法,不能凭主观臆断,需要学会使用科学的工具。教师不仅要掌握问卷调查、个别访谈、综合调研、问题追踪等基本方法,还要广开研究渠道,如家访、网上交流、家长会、家长信箱等。同时,在研究中,教师要掌握研究的艺术,有经验的教师往往在无意的聊天中就能发现问题。

读懂家长,不仅起到摸底作用,更重要的是起到诊断作用。充分了解与研究家长、及时与家长沟通,既是学校家庭合作共育的一个独立环节,也是其他环节的基础。如果没有充分地了解、研究家长,后面的培训家长、服务家长和引导家长参与学校事情都会存在问题。

(二)培训家长

培训家长是学校家庭合作共育的中心工作之一,几乎每个学校都会开展,但从现实状况来看,家长对学校所开展的教育培训满意度不高,家长教育的有效性亟待加强。家长教育培训是非常复杂的工作,主要在于家长是成人,成人学习是基于问题的,成人的已有经验起着非常重要的作用。提高家长教育的有效性,关键要做好以下三点。

一是要正确定位。家长培训的目的不是使家长获得某种资质,也不是使家长获取家庭教育知识技能,而是提高家长的角色胜任力,帮助家长解决在育儿过程中遇到的各种问题。家长来自千家万户,各自的经济、社会、文化背景不同,遇到的家庭教育问题也会千差万别,家长教育者必须知道听众是谁,他们到底需要什么。因此,选择的主题既要有普遍针对性,解决教育中的共性问题,又要有个别针对性,解决每个家长的困惑;既要讲为什么和是什么,又要讲怎么办;所讲的内容既要有一定的理论高度,能够科学地解释家长的问题,又要通俗易懂,接地气。

二是要形式多样。从教育形式看,过去家长培训多是课堂教学式的,实践证明这种单一方式已经过时了,需要开辟更多更有效的方式,如家长论坛、家长沙龙、家长经验分享、家长参观、家长阅读工程、典范家长评选等活动。互联网和全球化发展在给家长在教育工作带来诸多便利的同时,也提出了一定的挑战。媒体上关于家庭教育的言论,有的正确,有的错误,有的片面,需要家长教育工作有的放矢,也需要教师和家长教育者有定力、有判断、有自信。因材施教,就是要求家长培训工作从以培训者为中心转变为以受训者为中心,充分考虑重点家长与一般家长之别。一般而言,针对多数家长的培训与引导工作是比较简单的,问题的关键是个别家长,尤其是其教育观念与主流观念不一致时,培训难度是很大的。还有就是特殊家庭,如流动家庭、留守家庭、单亲家庭、隔代家庭等,都要采取有针对性的培训方式。

三是要注重调动家长的积极性。家长在接受教育时的角色很微妙,他既是受教育者,又是自我教育者。家长培训的效果,关键在于如何发挥家长的作用。从总体上说,家长培训一定要注重发挥家长的榜样作用,通过榜样示范作用让家长影响家长。此外,家长培训一定不要忽视家长过去的经验,从某种程度上说,家长教育就是家长经验的重组与改造过程。

当然,遴选培训者也非常重要。一般是采取学校教师培训和专家培训相结合的方式,条件允许的情况下,也可以选择一些优秀家长、往届的成功家长担任培训者。当然,培训的内容需要事先把关,个人不能将其不成熟的、极端的案例和错误的观念传递给家长。

(三)服务家长

服务家长其实就是满足家长的教育需求,帮助家长开展好家庭教育,解决家庭教育中存在的问题。现代家庭教育其实包括两方面内容:一是家庭教育本身,其目的和逻辑是由家长提出、设计并围绕家庭生活而展开的;二是配合学校在家庭实现的教育,即指导学生在家学习。家庭教育是非正规教育,教育的意图由家长提出,但未必清晰、正确;家庭教育内容主要围绕孩子的生活而展开,合理的生活就是最好的家庭教育;家庭教育方法是生活指导法,随着生活的展开,生活中的困惑和问题日渐暴露,这些问题逐步渗透到家长的教育意图与要求。而在家学习主要是围绕学校学习任务和要求而展开的,教育的意图和要求是教师提出的,需要孩子在家完成,有时候需要家长予以配合、协作。这两方面对于大多数家长而言都需要学校指导。

服务家长大致涵盖两个方面,一是服务家庭教育,二是服务家长自身成长。服务家长包括以下四项主要任务。第一,为家长指导孩子在家学习提供建议。这是指导和服务家庭的主要任务,其基本内容包括:帮助孩子学会制订学习计划,合理安排学习内容,科学完成学校任务,养成良好学习习惯,学会解决学习过程中遇到的问题。指导孩子在家学习,既包括指导其完成学校布置的学习任务,也包括指导其适度拓展学校学习任务,甚至包括课外班的选择等。第二,设计以服务家庭教育和促进亲子沟通为目的的课程与活动。目前,家庭的闲暇时间比以往多了,利用闲暇时间开展有意义的亲子活动十分必要。学校可以发出倡议或者通过课外作业的方式予以实施,比如举办亲子运动会、策划亲子共游、倡导亲子义工、启动亲子共读等活动,为家长提出与孩子相关的假期家庭生活建议;为家长提供孩子在校的某些信息。第三,向家长开放相应的教育资源。学校可以在适当时间开放图书馆、体育馆、运动场等为家庭服务,也可以利用社会资源(既包括博物馆等教育资源,也包括企业、国家机关等机构)为家庭开展相应的活动或项目创造条件。第四,推动家庭文化建设。比如与妇联、宣传部门等联合开展"寻找最美家庭"活动,开展学习型家庭建设等。家庭文化集中表现为家风,良好的家风对子女有着潜移默化的作用。北京市某学校开展了"家风、家训比比看"活动,要求孩子与家长将家庭的家风、家训写下来,进行解释,围绕家风、家训讲讲家庭故事。这是一种行之有效的家庭文化建设方式。

当然,学校还可以为有特殊需要的家庭提供咨询和帮助。1987年约翰·霍普金斯大学的爱泼斯坦教授开展了初级教育中"教师帮助家长参与学校作业"项目。[①] 该项目的目标包括:①增进家长对孩子作业的了解;②提高家长对孩子在家庭中学习活动的参与度;③增强孩子向家长表达学校所发生事件的能力与愿望,并帮助其提高表达频度;④提高各科作业的完成质量。该项目定期召开学校和家庭交流会,讨论主题包括语言、艺术、科学、健康、数学等。

(四)引导家长参与学校的一些事情

引导家长参与学校的一些事情是指引导家长配合与协同学校进行教学、活动及管理等。这在许多人看来是学校家庭之间的一种深度合作。引导家长参与学校事情的具体内容由低到高分别如下。

其一,指导、督促家长配合完成学校日常工作,包括接送孩子、照看孩子的生活、督促孩子完成学校课业并检查。这类活动最为基础,对于学校日常工作来说也极为重要。其责任清楚、目的明确、要求严格,是每个家庭必须完成的"规定性动作",无需学校的特别教育引导,绝大多数家长能够圆满完成,当然,特殊家庭另当别论。

其二,引导、鼓励家长参与学校教育教学活动。教育教学是学校的主要工作,是教师专业化的体现,但是并不是说家长就不能发挥作用了,学校可根据需要有条件地引导家长参与。从低层次看,要求家长参与学校开展的与家长密切相关的活动,如单独沟通、学校开放日、亲子活动、各种典礼(开学、毕业、少先队、节日)等,这是家长必须完成的任务。从中层次

---

① 杨启光,刘秀芳.美国教师帮助家长参与学校作业项目(TIPS)述评[J].上海教育科研,2011(10).

看,引导家长充当教师的教学助手,如协助教师管理课堂、监考、值班(勤)、准备教具和教学素材等,这些工作与正规的教学息息相关,但还不是教学本身。从高层次看,引导部分家长适度参与教学和相关课程的开发。课程编制、开发与实施是专业化活动,对家长的要求非常高,不是家长具有志愿精神和一技之长就能够胜任的,需要经过专业训练和指导。因此,对于部分有意愿和一技之长的家长,学校可以根据需要鼓励他们参与课程开发和教学活动,但必须对其进行系统管理和科学安排,并对家长开设的课程进行评估,防止出现无效教学的情况。

其三,引导家长参与学校管理活动。现代家长对学校教育应该享有知情权、监督权和参与权,尤其是事关学生切实利益的决策,学校应该广泛征求家长的意见,甚至让家长参与决策。引导家长参与学校管理,可以体现在三个方面:在相关决策出台之前,广泛听取家长意见;在决策制定之中,让家长不同程度地参与进来;在决策出台之后,吸纳家长参与监督、评估。为更好地吸纳家长参与学校管理,学校应该加强相应的家长组织建设,如成立家长咨询委员会、家长委员会等。除此之外,学校还可以根据需要引导家长参与完成学校教育的其他工作,如请家长根据自身条件帮助联系社会服务、组织孩子进行社会体验与实践等。

总之,四项任务既相对独立又有一定交叉,其中第一项任务是其他三项任务的基础,不充分了解和研究家长,学校家庭合作共育的其他工作就会停留在经验层次,缺乏针对性。第二项任务也是基础性工作,不对家长进行适度的培训和教育,家长就会缺乏必要的家庭教育知识和合作共育意识与能力。第二项与第三项任务也难以截然分开,因为培训家长经常在服务家长的过程中体现出来,任何一项服务工作都围绕育人目标,都需要家长具备一定的知识储备与观念认同。第三项和第四项任务直接与教育相关,是学校家庭合作共育工作的落脚点。学校家庭合作共育的四项任务环环相扣,相互影响,共同构成学校家庭合作共育的基本模式。根据这个基本模式,可以演绎出若干子模式。为便于理解学校家庭合作共育的基本模式,将学校家庭合作共育的任务目标、具体内容、过程与方法、相关理论、主要途径、制度安排等梳理于表1。

表1 学校家庭合作共育模式的基本构成

任务目标	具体内容	过程与方法(活动形态)	相关理论	主要途径	制度安排(举例)
读懂家长(了解、研究家长,知晓家庭教育特点及问题,与家长沟通,化解矛盾)	家庭基本情况:人口、住址、类型、经济状况、家长文化程度及特点;家庭教育状况:亲子关系,教育观念、方式、问题、特点	根据需要,提出了解、研究家长的目的,主要方法,如集体问卷调查与个别访谈(家访、访校)相结合,全面掌握学生的家情。可根据需要,围绕某个问题或个别学生随时开展家庭调研	调查研究理论、人际关系及沟通理论、现代家庭教育理论	即时性沟通,微信群沟通,家长会,家访,约谈	《学校开展家庭调研方案》《学校家访方案》

续表

任务目标	具体内容	过程与方法（活动形态）	相关理论	主要途径	制度安排（举例）
培训家长（使家长树立现代的科学教育理念，掌握有效的教育方法，提高胜任力）	教给家长家庭教育的观念、方法，以及家庭建设、亲子沟通方法，让家长了解学校文化、教育教学，消除学校家庭矛盾	正规培训：根据教育阶段特征，开设家长学校，进行通识培训；非正规培训：举行家长论坛、沙龙、经验分享会、家长互助活动	现代培训理论、成人教育理论、实践课程理论、会议组织理论	家长学校（课堂），家长分享会，家长学习联盟	《家长课程设计及实施方案》
服务家长（指导家庭开展教育活动，解决家庭教育问题，集体形式与个别形式相结合）	解决家庭教育问题，创建适合不同家庭的教育项目，设计、优化家庭教育内容，指导家庭建设	根据实际需要，设置家长服务平台（电话、网站、信箱），设立校长开放日，发放家庭教育建议书，举办家长会、亲子运动会、家庭联谊会，创建亲子阅读项目、家庭文化日等	家庭课程设计理论、活动理论、咨询理论、心理辅导理论	家长委员会，家长教师协会，家长热线，学校家庭联系手册	《家庭教育指导及服务方案》《家庭教育支持计划》
引导家长参与学校的一些事情（协调家长资源，使家长积极参与学校教学、管理等活动，学校家庭共同完成学校的教育任务，提高学校教学效果）	家长参与学校管理、课程、教学、活动，配合学校完成学校教育任务	家长配合学校的常规教学，如接送子女，检查、督促作业；协助解决日常教育问题；开展家长义工、家长助手等项目；成立家长咨询委员会，开展其他工作，如联系社会服务、组织孩子进行社会体验与实践	学校课程设计理论、组织协同理论、动机理论、志愿服务理论	家长志愿者（义工），学校家庭联席会议，家长助手，家长值日	《家长配合学校工作指南》《家长义工活动方案》《家长辅助学校教学设计方案》《家长委员会建设方案》

第四章　学校家庭合作共育中家庭教育指导的基本任务

第一节　引领家长的教育需求,把握家庭教育指导重点

一、专业引领学生家长的教育指导需求

(一)小学生家长的教育需求

小学阶段,孩子在不同的年龄段,家长对家庭教育指导的需求也是各不相同的,根据相关的调查,以及对教师、家长对家庭教育指导工作的需求收集,我们大致整理出小学低、中、高年段家长对家庭教育指导内容的不同诉求。

1. 不同年段家长对家庭教育指导的需求

小学低年级(一年级、二年级)孩子的家长最需要得到的帮助主要集中在:①培养孩子的学习兴趣和学习习惯的方法;②孩子的安全管理和教育;③引导孩子思考和动脑的能力;④提高家长自身素质及修养;⑤幼小衔接;⑥希望教师能多关心孩子;⑦希望教师多一些耐心。

小学中年级(三年级、四年级)孩子的家长最需要得到的帮助主要集中在:①正确指导孩子的品德教育的方法;②了解孩子的心理状况;③与孩子沟通的方法;④配合教师工作的做法;⑤了解孩子的在校生活;⑥指导孩子提高自控能力;⑦给孩子减负的办法。

小学高年级(五年级)孩子的家长最需要得到的帮助主要集中在:①在品德和学习方面,教育孩子的方法;②对孩子进行青春期教育的知识;③如何根据孩子的个性,培养孩子的特长,挖掘孩子的潜力;④升学指导。

综合看来,家长的需求随着孩子年级的变化而不断变化,低年级主要围绕适应新的学习生活环境、与教师的关系等,中年级家长开始关注孩子心理的发展,高年级的家长开始关注孩子的心理生理变化、升学发展,每一阶段的需要都有阶段的特色,但是学习习惯及学习兴趣的培养从低年级到高年级都是家长所关注的热点。

2. 小学阶段家长在家庭教育中的常见问题及基本素养需求

(1)家长在家庭教育中经常遇到的问题

①家长教育观念上的问题,譬如比较突出的是过于注重孩子的学业成绩,忽视了综合素养的培养,在教育中只看学生学科成绩好坏,不注重良好习惯和品质的养成。

②重视身体健康,忽视心理健康。"现在意义上的健康包括身体和心理两个方面"。世界卫生组织提出:健康不仅是没有疾病或不虚弱,而是身体上、精神上和社会适应方面的完

好状态。许多家长认识不到这一点,不仅不重视心理健康,而且无视心理疾病的存在,甚至把心理疾病当成精神病来看待。

③过分依赖学校教育。很多家长认为教育是学校、教师的事情,忽视了家庭是培养孩子的第一土壤,没有充分发挥家庭教育应有的作用。

④忽视个性,强行塑造。许多家长无视孩子的心理、生理发展的特点和个性,不管孩子的天赋和兴趣爱好,只是一味地按照自己的既定要求和模式,专制地为孩子设计人生轨迹。

⑤只会对孩子高标准,不会对自己严要求,家庭教育的重要方式应该是通过父母的言传身教,通过父母的一言一行去影响孩子。

⑥教育方式简单粗暴,只会要求孩子努力,不会赏识孩子,根本不考虑孩子的自尊心,动不动就对其加以训斥,更甚者采取棍棒教育。打骂会使孩子的心灵及身体受到摧残,抹杀了孩子的个性和创造精神。

⑦"关心过度"现象普遍存在,表现为家长在感情上过度依恋子女,在生活上、教育上对子女"关心过度"。

⑧隔代抚养问题。在很多家庭中,由于父母忙于工作或在外工作无法全身心的照顾孩子,就把孩子交给祖辈照管,祖辈往往容易养重于教,过分溺爱孩子。

⑨不善于和教师沟通、互动,在孩子面前随意评价教师。

(2)作为家长开展家庭教育应当具备的基本素养

①掌握孩子的身心发展规律。作为家长,开展家庭教育的基础,首先是建立在对孩子的了解上,关心孩子,了解孩子的特点,才能有效促进孩子的成长与进步。这也需要家长注重自身学习,不断提高认识。

②具备正确的教育价值观。家长只有树立了正确而科学的教育价值观,家庭教育的行为才会更科学有效。

③掌握初步的家庭教育方法。作为家长,应该了解和掌握基本的家庭教育理论知识和基本方法,这些往往可以提升家长的育儿观和家庭教育实效。

④具备一定的沟通技巧。家长在开展家庭教育的过程中,只有和孩子、孩子的其他长辈、教师进行良好的沟通和互动,才能不断提升家庭教育的实效。

(二)初中生家长的教育指导需求

近年来,初中学校对学校家庭合作共育愈加重视,开展家庭教育指导意识不断增强,对教师指导能力有进一步提升需求,初中学生面临着生理和心理上的变化,特别是青春期的出现对教师的教育是一个很大的挑战,初中学生家长对教育的诉求,也对教师提出了更高的要求。初中学生家长对家庭教育指导内容的诉求主要表现在以下几个方面。

1. 促进学生习惯养成,指导学生学习方法

由于中考的压力,家长对学生的学业要求提高,家长自身能力有限,缺乏指导学习方法,希望教师能对学生严格要求,指导学习。

2. 提高教学质量,减轻学业负担

经历了小学,初中生家长对教师要求有了一定期望值,在学生不断学习和考试中也会作

出比较,希望教师作业少,水平高。希望教师多关注、多鼓励自己的孩子,多给锻炼成长的机会。

3. 关注学生心理,培养学生健康人格

初中生家长掌握青春期孩子的具体心理特征的难度有所增加,有了解初中学生心理的需求。家长在与初中学生沟通方面,关于如何接纳孩子的情绪,控制自己的情绪,希望有具体指导。一些家长与青春期叛逆的初中学生无法沟通,寄希望于教师,希望通过教师来教育孩子,因为教师说了孩子才会听。

4. 培养学生核心素养,提高学生道德水平

注重初中思想品德、行为习惯教育,除了希望了解孩子在校学业情况,也想了解孩子校园生活。

5. 加强学校管理,促进家校沟通

初中生家长希望了解初中阶段的学习架构,能对于孩子的升学和未来发展有一个早期的规划与准备。了解学校教育公平,希望知晓学校政策、学生评优、收费等教育公开的重要信息。希望学校有紧跟时代、个性化的教育指导。

总的来说,当前的初中学生家长对孩子的教养态度有所转变,思想开放,对新事物、先进理念接受意愿增强,特别是关注青春期学生的心理变化和改善亲子关系,注重培养青春期学生的核心素养和道德品质。同时受社会思潮影响和面对升学压力,围绕学业提出的教育诉求也是意料之中。

(三)高中生家长的教育指导需求

青春期之后,父母对孩子的影响力逐渐变小,原来的以父母为主的圈子被打破,孩子开始认识新朋友,建立自己的新世界。这个时候,父母如何继续扮演好孩子成长道路上"引领者"与"陪伴者"的角色,是需要不断学习的。调查发现,家长对专业的家庭教育指导的需求越来越多。针对这些需求,教师要在以下方面开展指导。

1. 指导家长和孩子共同适应高中阶段的生活

对刚刚结束中考的学生而言,升入高中不仅是人生的一大转折,在学业要求方面也有很大的变化。学生在学习进度、方法、习惯、心态等方面都有一个逐渐适应的过程,家长也需要了解高中学习生活与初中生活的不同,以便更好地陪伴孩子一起适应高中生活。

新高考背景下,孩子步入高一就要为高考做准备,比如选科以及选择这些科目的考试时间,都成为让学生和家长十分焦虑的问题。因此要引导家长帮助孩子认识高中与初中学习、生活的差异性,指导家长从孩子的实际出发,给其一个适当的定位,并不断调整自己对孩子过高的期望值;指导家长经常与孩子沟通交流,掌握孩子的学习情况、思想动态,保持与学校的密切联系,了解孩子可能遇到的适应问题并及时解决问题。

2. 帮助家长正确认识孩子的独立要求,建立和谐的亲子关系

"关系大于教育",良好的亲子关系是家庭教育的根本基础。其中亲子沟通是父母与孩子之间信息交流的过程,也是一种实现家庭教育功能的重要方式。孩子进入青春期后,自主意识增强,不太"听话";有时还故意与家长和教师"唱反调";在很多关键选择方面,比如高一

选科、高考志愿选择等,父母与孩子之间可能会存在差异而导致亲子关系紧张。

要指导家长加深亲子之间的相互理解,掌握亲子沟通的技能和艺术。引导家长倾听孩子的心声,试图理解孩子,学会换位思考;指导家长学会欣赏孩子,让孩子获得和感受自信;指导家长看到孩子的成长,相信孩子有独立处理事情的能力,尽可能支持他们,在他们遇到困难时,给予安慰和鼓励;指导家长尊重孩子的人格,不使用过分严厉的手段去维持在孩子面前的权威。

3. 引导家长帮助孩子建立和谐的人际关系

良好的人际关系涉及孩子的自我认识、交往技能、对他人的尊重和对他人帮助的感恩等方面。父母的人际关系及家庭关系对孩子建立健康的人际交往具有潜移默化的教育作用,家庭中的相互尊重、相互合作、平等交流是对孩子进行人际关系教育最重要的环节。

教师要告知父母,要在家庭中营造和谐的氛围,要做到夫妻和睦,家庭和睦;要引导家长支持孩子多参加学校组织的集体活动,在人际交往中学会与人合作;教会孩子学会尊重他人,会正确处理人际交往中的冲突,对人要真诚,以平等的态度对待人;对于孩子在人际关系处理中的困惑,父母要及时与孩子沟通交流,帮助孩子分析问题,解决问题。

4. 引导家长加强"珍惜生命"的教育,培养健康人格

高中阶段的生命教育着重于帮助和引导学生形成科学、合理的观念,学会尊重他人、理解生命、热爱生命,提高保持健康、丰富精神生活的能力,培养积极的生活态度和人生观等。父母的人格和生活方式会对孩子产生直接影响,科学良好的家庭生活方式是热爱、珍惜生命的具体体现。学习负担"过重"(主、客观)与学习适应不良、理想期望与现实能力之间的差距会造成学生的心理困惑。面临即将到来的高考,家长会不知如何来缓解孩子的情绪。

要引导家长积极营造乐观健康的家庭生活氛围,让孩子感受家庭的温暖和幸福,感受到亲人的爱;家长应该对生活持有积极的态度,敢于向命运挑战,并引导孩子正确面对困难和挫折;家长不仅要关心孩子的学习,更要关心孩子人格的健全发展,要教会孩子怎样做人。

5. 和家长合作指导孩子在网络面前不迷失自我

沉迷网络已经被列为高中生常见问题之一。网络与信息技术在革新高中生学习生活方式的同时,也带来一些负面影响。高中阶段正是为高考奋战的重要关头,也是人生观、价值观逐步形成的关键期,但很多孩子的自控能力较差,较容易沉迷于网络游戏,在影响学业的同时,还扰乱了正常的作息时间,而且还有可能扰乱学校班级的学习风气,造成严重的后果,引起家长的焦虑。因此,如何引导孩子正确利用网络资源、培养网络道德,提高自控能力应当成为现代家庭教育的重要内容。

预防高中阶段孩子沉溺网络的最有效方法就是要多与孩子互动、沟通,营造温馨和谐的家庭关系及亲密的亲子感情,充分了解孩子的心理需求,并给予关怀;家长要以身作则,在上网时间、上网地点、上网内容、上网方式等方面为孩子做出榜样;家长要在引导孩子把电脑当成学习工具的同时,积极为孩子的课外活动提供条件;家长要关注孩子的异常表现,及时发现孩子在上网方面存在的问题,冷静对待,切忌采取粗暴的方法,要着眼于培养孩子的自律能力。

6.引导家长及时缓解孩子升学带来的压力

进入高中,孩子的学习压力增大,尤其是新高考政策后,自进入高一起,学生就面临着高考升学的压力。很多学生感到学习竞争激烈,压力大,心情紧张。因此,在这一阶段家长既要关心孩子的学习成绩,又要学会疏导、缓减孩子的心理压力,尽量减小学生的思想压力和心理上的波动,让学生轻松地学习,快乐地学习。

但是很多家长意识不到孩子因为学业紧张产生的心理压力,更有家长还会额外对孩子提出各种各样的学习目标和期望,安排各种课业辅导。这使得孩子更是不堪重负。这就要求高中教师要及时对家长进行指导,帮助他们正确看待孩子的学习压力及其带来的各种可能的问题,使他们能够学会缓解孩子的各种压力。

7.引导家长适应高考新政,共同指导学生恰当选科

高考对每个孩子来说,都是一个非常重要的转折点,在这一阶段他们将面临人生最初的也是最重要的选择。在这一阶段,教师要和家长保持沟通,共同研讨孩子的选科问题,教师要帮助家长全面认识自己的孩子,分析孩子的学科学习特点及兴趣点,让家长意识到要尊重孩子的意愿,尊重孩子的选择,并支持孩子为了自己的选择去努力奋斗,帮助孩子树立信心,不断地让孩子感受成功。

8.帮助家长正确引导孩子报好高考志愿,树立远大理想、合理规划未来

选择院校和专业一直以来都是家长的一个纠结点,如果学生成绩足够好,当然是选择名校的强势专业,但是当鱼与熊掌不可兼得的时候,就需要针对自身情况进行分析,再做决策。首先,教师要引导家长树立正确的成才观,明白并不是非要上名校才会有好的前途,才能成才;其次,教师要指导家长正确看待孩子的成绩,对孩子高考志愿有一个合理的预期,同时,引导孩子确立远大目标并正确处理社会需求与个人追求之间的关系。

二、深刻把握家庭教育指导重点

(一)小学生家庭教育指导重点

《中小学德育工作指南》中明确提出,要坚持协同育人,加强家庭教育指导。要建立健全家庭教育工作机制,统筹家长委员会、家长学校、家长会、家访、家长开放日、家长接待日等各种家校沟通渠道,丰富学校指导服务内容,及时了解、沟通和反馈学生思想状况和行为表现,认真听取家长对学校的意见和建议,促进家长了解学校办学理念、教育教学改进措施,帮助家长提高家教水平。

对于小学生而言,进入新的学校生活中,学习成为他们的主要活动。在学习活动的影响下,他们的思维性质、注意力和记忆力等都在发生变化。同时,学校生活也使他们对自己和他人的看法发生了变化。家长应该帮助孩子适应学校生活,尤其要注重培养孩子良好的学习习惯和学习方法,激发孩子的学习兴趣。小学生家庭教育指导的重点是让他们学会学习,培养其勤奋、诚信等基础品质,为他们提供丰富的闲暇生活,培养他们的多种兴趣,让他们健康快乐地成长。

1. 学习指导

随着义务教育的普及与提高，孩子间的差异与教育的统一要求之间的矛盾日益突出，特别是小学中高年级的学生，学习任务加重，知识结构复杂，学习程度加深，但是大部分家长关心孩子的学习往往只知道检查作业、帮助整理书包、接送上学放学、关注学习成绩单，而欠缺指导学习的有效方法。因此，学校有必要对家长进行学习指导。学习指导包括诸多方面，以学习习惯、学业评价、课外兴趣班、家庭学习气氛等方面为重点。

2. 生活指导

(1) 幼小衔接

小学阶段是孩子从轻松生活转向以学习生活为主的过渡阶段，小学低年级阶段的大部分家长对孩子过渡阶段的反应虽有心理准备，但是遇到一些不适应状况，如学习压力突然增加、作息时间不适应等，家长还是需要教师的指导与帮助。

(2) 科学用脑

小学阶段是孩子大脑发育的关键时期，科学用脑符合孩子大脑的生长规律，有助于孩子科学有效地进行学习、娱乐等活动，提高孩子的成长质量。因此，学校有必要指导家长了解科学用脑的知识。

(3) 预防传染病

传染病的预防是家庭生活指导中的重要部分，流感、肝炎、脑炎等危害孩子健康的疾病，应当引起家长的重视，学校在做好校内公共卫生的同时，也应多对家长进行定期的疾病预防指导。

(4) 科学用眼知识

小学生的课业负担重，近视低龄化、重度化问题日益严重，对学生的正常学习与生活带来了不良影响，因此，家长和学校必须予以高度重视。近视防治工作需要学校、家庭的共同关注和配合。

3. 情感品德指导

(1) 个性倾向

随着环境的变化和个体的成长，小学阶段孩子的个性倾向如需要、兴趣、志向和价值观等有了新的特点，而孩子的个性倾向在群体生活中表现得更为明显，相比家庭而言，学校对孩子的个性倾向更为了解，因此学校应指导家长了解孩子的个性倾向。

(2) 气质类型

气质是指心理活动的不同倾向，是个人心理活动稳定的动力特征。气质也是一个人生来就有的活动倾向，气质类型主要有黏液质、抑郁质、胆汁质、多血质等四种，不同的气质类型对应不同的气质特征，并且气质特征在一生中是相对稳定不变的。了解孩子的气质类型，有利于家长更好地掌握孩子的发展规律。因此，教师应指导家长了解孩子的气质类型。

(3) 挫折教育

孩子脆弱心理的成因有两个：家庭的溺爱和传统教育思维的缺陷。舆论报道学生遭遇挫折轻生的实例屡见不鲜，其中原因值得家长和学校深思，挫折是每一个人都无法避免的生活体验,给予孩子适当的挫折教育,可以使孩子从小拥有一个健全的心理;同时,快节奏的生活、高强度的工作、巨大的精神压力等,都有可能使得家长出现心理上的亚健康状态,在这种情况下,他们在教育孩子抗挫折时,就更需要学校的指导,学校应科学指导家长进行适合自己孩子特点的挫折教育。

(4)诚信教育

孩子道德品质的发展和形成,是通过教育和舆论把道德知识、道德规范传递给孩子的过程,也是孩子通过实践由被动到主动去掌握这些知识、规范并形成道德行为的过程。孩子道德上的成熟需要一个过程。低年级至中年级的小学孩子,主要依靠外部的调节和监督,如在教师和父母的要求下或仿效他人的情况下逐渐实现,如何正确认识诚信的重要性和必要性,加强诚信教育,家长需要学校的指导。

(二)初中生家庭教育指导重点

当孩子进入初中,他们就迈开了从童年走向成人的第一步,这个阶段接受的东西,往往将影响他们的一生。指导家长抓好这个阶段的教育,对于孩子今后的发展有着至关重要的作用。

1. 青春期心理指导

初中学生处于青春期,家长对孩子在青春期早期所发生的一系列生理和心理的变化应该有所准备,了解青春期初中学生的特征,尊重学生的成长和发展,接受孩子在成长过程中的困难,建立积极的亲子沟通,营造一个宽松、温馨的家庭环境,鼓励初中学生多参加有益的群体活动,与同学友好相处;开展情绪辅导,指导家长提高孩子的抗挫折能力,帮助孩子平稳地度过青春期。

2. 生命教育指导

指导家长提高自身素质,重视言传身教,做孩子的榜样,以自身健康形象帮助孩子形成对生命的正确认识。家长要学习了解初中阶段学生的心理特点和发展需要,改善在亲子沟通、处理突发事件方面的家庭教育方法,发展优质的亲子关系。在提升孩子生存技能、提高生活质量方面采取积极的行动,建立孩子与社会的连接,组织以关爱生命为主要内容的家庭教育活动,提升家庭生命教育的有效性。

3. 信息素养指导

我们身处信息社会,家长要了解信息技术的发展及其应用对人类日常生活的深刻影响,学习必要的信息技术,善于利用网络,紧跟时代的发展步伐。

家长要了解初中学生电脑、手机等上网的情况,要发挥网络的正面效应,充分地利用它,提高学习、工作效率和生活质量,教育孩子正确把握上网时间,预防上网过度。家长要注重培养初中学生良好的信息素养,把信息技术作为支持终身学习和合作学习的工具,培养初中学生对信息的是非辨别能力,在网络交友中要注意加强自我防范和保护,在使用网络的过程中学会自我尊重和遵纪守法。

4. 遵纪守法和道德修养指导

法律法规是维系社会公共安全、公平的保证,是每个公民必须学习、遵守的,法律法规常识的教育也是培养青少年健全人格的必要手段。初中学生法律知识比较缺乏,法治意识淡薄。初中学生家长有责任教育孩子认真学习法律、严格遵守法律、学会运用法律保护自己。初中生家长自身也要以身作则,认真学习青少年保护的相关法律法规,严格遵守相关法律法规。家长还要加强自身道德修养,言传身教发挥榜样作用,创设健康文明、积极向上的家庭氛围,传承好家风,培养孩子的良好品德和社会意识,引导初中学生文明修身。

5. 学习能力和生涯指导

初中学生面对更大的学业压力,家长要确立更加科学合理的成才观,家长可以多掌握孩子的学业水平和学习能力现状,多与孩子交流,帮助初中学生考虑自己的学业水平、学习能力、兴趣爱好、发展意向等。应充分考虑到初中学生自身的实际水平和发展需求,指导家长帮助孩子树立信心,面对现实。对于刚入学的初中学生要帮助他们尽快适应初中阶段的学习生活,掌握适合自己的学习方法,提高学习效率,对于初三即将升学的学生,家长应主动与教师沟通,了解孩子的学业情况,引导孩子客观地对待自己和自己的学业前程。人生的发展应该是多途径和多姿多彩的,要指导家长与孩子共同开展学业规划及生涯辅导,引导孩子学会自己去面对人生的选择,并为此担负起应尽的责任。

(三)高中生家庭教育指导重点

无论是班主任还是任课教师都有承担家庭教育指导工作的责任。对于家庭教育指导工作的内容、方法以及需要注意的问题应有清晰的认知。总体来讲,高中教师应该重点思考的问题有如下几类。

1. 了解家庭教育指导包括哪些基本内容

学校家庭教育指导工作涉及面广,内容非常丰富,而且随着时代的发展以及家长对孩子教育期望不断提升而变化。主要包括几个方面的工作:组建学校三级家委会的方式与流程,家委会成员的选拔及其功能与职责,如何真正发挥家委会参与学校民主管理、促进学校教育教学工作的作用;如何利用家长会、家访等多种家校沟通方式,及时沟通学校家庭信息,积极互动;如何组织各类学校家庭活动,如何整合、利用家长资源,积极鼓励家长参与学校教育等。

2. 能够针对不同的家庭情况,进行分层分类指导

当前的家庭情况比较复杂,一个自然班有不同类型的家庭情况,如完整的家庭、再组合家庭、单亲家庭、家庭经济困难、父母重病(残疾)特困家庭等。不同的家庭对孩子的期望值不同,亲子关系不同,家庭教育指导的需求也不同。面对多元化的家庭教育指导需求,教师应该深入思考如何对家长进行分层分类指导,以达到在有限的时间内取得最好的效果。

3. 在学校家庭合作与沟通中,获得家长的信任与配合

获得家长的信任与配合是学校家庭有效合作以及家庭教育指导工作顺利开展的必要条件。尤其是当某些家长针对班主任提出疑问或责难时,班主任该如何应对?班主任与家长的良好沟通对于学生的发展有着积极的作用,那当家长与教师在教育理念有所不同的情况下,班主任该如何应对?学校作为学生学习的最重要的场所,当面对突发事件时,班主任该遵循的处理原则有哪些,该如何与家长进行进行沟通?这些问题都是每一个教师在工作中

会遇到的问题,需要不断去思考并创新如何解决的途径。

4.既要解决共性的家庭教育问题,还要进行个别化家庭教育指导

以往的家庭教育指导工作多是针对家庭教育中的共性问题,方法多是以家长会、学校家庭活动等活动,对家长群体进行指导。当前,随着社会的发展,面对家庭教育需求的多元化,只是以家长群体作为家庭教育指导对象已经远远不能满足家长的需求,必须开展个别化的家庭教育指导。面对当前层出不穷的个性化家庭教育问题,提升教师的家庭教育指导的意识与能力,培养家庭教育指导教师骨干力量,扩大学校家庭教育指导队伍,都是当前学校要着力解决的课题。如何让全体教师成为合格的家庭教育指导者,教师的积极性及指导能力如何提高,应该是教师专业能力培养与培训的重要内容。

总之,家庭是孩子的第一个课堂,父母是孩子的第一任老师。广大家长要肩负起家庭教育的责任,不断学习、提升自身素质和能力,系统掌握家庭教育科学理念和方法,增强家庭教育本领,用正确的思想、方法、行动教育引导孩子。广大教师的责任就是引领、指导家长成为称职的、优秀的父母。

第二节　帮助家长明确其在家庭教育中的主体责任

引导家长主动参与学校教育,形成教育合力。

"父母是孩子的第一任老师",这个角色是伴随终身的。无论在孩子的任何成长阶段,家长都要承担起教育子女的责任。

(一)学校家庭合作共育的重要性及必要性

苏联教育学家苏霍姆林斯基说过:"家庭是一个人应该学习做好事的起源之地。家庭每日、每时都在和学校集体的精神生活相接触;学校不能没有家庭的配合;学校里集体主义的道德文明在许多方面,就是开在家庭里的许多花朵的果实。"一个学生的健康成长是学校家庭合作共育的成果。学生的德育与家庭教育密切相关,良好的家庭教育对孩子健康品德的发展具有重要的意义。随着孩子年龄的增长,家长会遇到越来越多的问题。孩子入学后,家长不能将教育子女的责任完全移交给学校,而是要承担与学校配合共同教育的责任。学校的教育是面对所有学生的共性教育,学生个体差异性大,而家长熟悉自己孩子的品行、性格,积极配合教师可以有助于其开展针对性的个性教育。

家长和教师都是孩子成长过程中的引路人,学校教育和家庭教育密切配合有利于促进德育教育。不少中学生的家庭中存在教育方式不当、忽视品德教育等问题。学校的德育教育任重道远,需要家长积极配合,学校家庭合作共育进而实现"立德树人"。此外,中学生处于人生价值观形成的重要阶段,良好的价值导向可以帮助他们树立正确的价值观。而学校家庭合作共育更有助于教师和家长了解学生的心理状态。针对学生不同的思想状况,给予适宜的价值引领教育,更有利于学生的个性发展。

(二)引导家长参与学校教育的途径与方法

学校家庭合作共育离不开家长的配合和协助。如何引导家长主动配合学校,形成教育

合力是实现学校家庭合作共育的重要条件。需要通过多种渠道和途径对家长进行引导和指导,帮助家长转变观念。

学校一方面需要搭建有效的家校沟通平台,通过"家长开放日""家长委员会"相关工作的开展,借助网站、公众号、热线、信箱等增进学校与家长之间的相互了解,创设双向、互动、积极的沟通方式,促进家长对学校教育的认可,了解家长的教育需求;另一方面可以通过家长沙龙、家长会、家长学校等多种途径和渠道开展家庭教育培训,帮助家长树立正确的教育观,掌握科学的教育方法,提高教育能力。

教师则要重视家庭访问、日常面谈、电话沟通、线上交流、家长会等直接沟通方式,尽可能建立与家长之间的信任关系。在对学生家庭充分了解的基础上,教师可结合具体情况,制定相应的家庭教育指导策略,并给予家长及时的指导。同时,教师的及时有效沟通,可使家长感受到教师的真心诚意。看到教师为解决孩子的问题所付出的努力,家长会更愿意参与到学校家庭合作共育中。

第三节 指导家长树立正确教育观念,掌握科学养育方法

一、指导家长学习家庭教育知识,掌握家庭教育科学理念和方法

《中华人民共和国未成年人保护法》第十五条规定:"未成年人的父母或者其他监护人应当学习家庭教育知识,接受家庭教育指导,创造良好、和睦、文明的家庭环境。"研究者金晔指出提升家长的家庭教育智慧,最直接可控的途径就是参与到家庭教育知识的学习中来。[1] 研究者李景毅指出在家庭教育过程中孩子教育成功的关键,取决于父母对文化知识的进取精神和由此而习得的有利于孩子健康成长的各类实用知识和技巧的深度与广度。同时,他还提出家庭知识结构层次与家庭教育成效呈现出正比的效应。由此可见,无论是法律规定还是相关研究成果都明确了家长学习家庭教育知识的重要性和意义。学者们对家庭教育知识的划分大致分为两类,其一是根据学科维度将家庭教育知识进行分类,其二是根据内容维度对家庭教育知识进行分类。[2] 一般认为家长在对孩子进行家庭教育之前至少应掌握以下四个方面的知识:

第一,要掌握教育学相关知识,其中包括教育学和发展心理学,掌握教育的基本理论、教育原则和行之有效的教育方法;同时,了解中学学生的心理特点,学会根据中学学生年龄特点教育好中学学生。

第二,要掌握卫生保健方面的知识,学习了解中学学生生长发育规律,促进中学学生健康成长。

第三,要掌握必要的美学、伦理学方面的知识,借以帮助中学学生树立正确的道德观念,

---

[1] 金晔. 城市父母家庭教育知识自我导向学习现状研究[D]. 南京:南京师范大学,2013.
[2] 黄静. 年轻家长家庭教育知识现状调查与对策研究[D]. 金华:浙江师范大学,2018.

培养高尚的审美情趣和良好的行为习惯。

第四,要掌握必要的社会科学和自然科学常识,以便回答孩子经常提出的各种问题,满足孩子的求知欲望。

很多家长望子成龙、望女成凤。然而现实生活中,随着孩子年龄的增长,家长与孩子间的代沟也越来越大。中学学生正值青春期,他们渴望独立,想摆脱家长的束缚,但又因未成年需要依赖父母,这期间难免产生冲突和摩擦。而家长运用科学的教育理念和方式可以缓解诸多亲子矛盾。

科学的理念包括给予积极关注、与时俱进地学习以及尊重孩子等。积极心理学认为每个人内心都存在两股抗争的力量,即积极力量和消极力量。如果我们好好培育和发展积极力量,很多消极面就会被削弱甚至消除。家长可以多关注孩子的优点和优势,因势利导,循循善诱。

此外,孩子作为个体,随着年龄的增长,独立性和自尊心也日益增强,他们希望被尊重对待。一个宽松、祥和的氛围更有利于家庭教育。

教师在指导家长开展家庭教育时,可以建议家长在以下几种方法中寻找适合自己孩子需求的方法。

(一)讲清道理,循循善诱

父母以身作则、榜样示范是最有说服力的教育。讲道理是家长教育孩子的方法之一。教师要指导家长学会正确地讲道理,让家长明白道理要讲清,且合理,也需要耐心,孩子才会信服与接纳。正处于青春期的中学学生尚不成熟,即便犯错,父母也不要轻易指责孩子,一味地批评只会加剧亲子间的冲突。家长可以从孩子的错误中看到背后的需求,再给予正确的引导,给孩子机会把自己的想法说清楚,孩子也会更愿意接受家长讲的道理。

(二)以身作则,示范榜样

每个人最初学习沟通的教师是自己的父母,而非学校的教师。教师要让家长明确,孩子学习和成长的第一环境是自己的家庭。父母言行举止是否得当,对孩子性格养成起着重要的作用。家长对孩子提出高要求,自己首先就要身体力行去执行。比如,家长要求孩子抓紧时间专注学习,家长自己就要做好示范榜样,可以看书阅读或投入工作,不能要求孩子学习的同时自己却只顾着玩手机。

(三)鼓励为主,批评为辅

教师要引导家长多关注孩子的优点和优势,发现孩子行为背后的正面因素。当孩子的闪光点得到肯定和积极评价时,他们会感受到被接纳、被认可,这样就能产生向上的力量和获得成功的信心。即便后续开展批评,也更容易被孩子接受。尤其对于中学学生而言,不少学生缺乏自信,更需要来自家人的鼓励和积极关注。

(四)平等沟通,相互交流

教师要引导家长认识到与孩子在人格上是平等的,不能老是居高临下、以教训的口吻对待孩子。家长与孩子间要平等相待、相互学习、相互交流。现今是知识大爆炸的年代,孩子的知识面随着年龄增长而不断增加。进入中学阶段,孩子在某些方面的知识或许已经超越父母。如果家长对孩子感兴趣的事物嗤之以鼻,孩子可能无法接受。教师要引导家长多尝试新事物、了解新信息,多找到与孩子融洽交流的共同话题;要允许孩子有独立活动的空间,可以教育孩子通过讨论的方式充分表达观点。

(五)严格要求,赏罚分明

教师要引导家长对孩子行为的各个方面提出明确严格的要求。当孩子取得进步时,家长一定不要吝啬鼓励的话语;当孩子犯错时,家长也不能不闻不问、纵容放任。教师要让家长明白,适当的鼓励可以激发孩子自强上进的动机,过度的苛求会削减孩子学习进步的内驱力。

另外,爱孩子也绝不是他要什么就给什么,不能因为爱孩子而没有原则和规矩。家长对孩子正确的言行要及时鼓励强化;对孩子不恰当的举动,要及时纠正并加以正确教育和引导。家长要选择恰当时机进行正确的教育,赏罚分明有度。

(六)一起学习,共同进步

教师要引导家长与时俱进,与孩子一起学习、共同进步。随着社会环境的变化,人的知识体系也会产生巨大改变,父母过去的经验不一定适合当下,也无法让孩子信服,家长在要求孩子学习的同时,也需要不断学习、更新观念。

阅读能力是学习能力的基础,也是人生中较重要的学习习惯。有些中学学生的学业成绩不佳,家长不妨以身示范,从培养孩子的阅读能力做起,陪着孩子一起阅读书籍,共同走进图书馆,每周固定阅读时间,开展读书交流,与孩子共同进步。

(七)管控情绪,倾听理解

情绪管理对一个人的成长至关重要。教师可以引导家长学会觉察和调控自己的情绪,多做表率,而非发泄怨气。父母能够控制自己的情绪就是在给孩子做示范。家长首先要搞清自身想达到的教育目标,希望通过事件传递给孩子什么,学会三连问,即为什么孩子是这种表现、此时此刻我想教他什么、该怎么教效果才最好。

同时,教师要指导家长学会倾听孩子的想法。在相对和谐、宽松的家庭氛围中成长的孩子容易感受到被尊重,并学会如何爱人和尊重他人。

二、指导家长更新教育观念,与孩子共同成长

家长的育儿观作为家庭教育的核心要素,主要体现在教育和抚养孩子过程中,对孩子的发展、教育孩子的方式和途径以及孩子的可塑性等问题所持有的观点和看法。① 家长的教育观念直接影响着父母对中学学生的态度以及他们的教育期望、目标、途径、方式、方法、策略和行为。

新时代,家庭教育观念应该做到与时俱进。2020年8月,全国妇联、教育部修订的《家长家庭教育基本行为规范》对于家长该具备哪些正确的教育观给出了明确的指导。

一是"依法履行对未成年子女的监护职责,承担家庭教育主体责任,坚持立德树人,树牢

---

① 张文新.孩子社会性发展[D].北京:北京师范大学出版社,1999.

'家庭是人生的第一个课堂，父母是孩子的第一任老师'理念"。

二是"注重家庭、注重家教、注重家风，构建平等民主和谐的家庭关系，营造相亲相爱的家庭氛围，弘扬向上向善的家庭美德，为子女健康成长创造良好家庭环境"。

三是"保护子女合法权利，尊重子女独立人格，注重倾听子女诉求和意见，不溺爱，不偏爱，杜绝任何形式的家庭暴力，根据子女年龄特征和个性特点实施家庭教育"。

四是"注重子女品德教育，引导子女爱党、爱国、爱人民、爱社会主义，形成尊老爱幼、明礼诚信、友善助人等良好道德品质，遵守社会公德，增强法律意识和社会责任感，养成好思想、好品行、好习惯"。

五是"教育引导子女养成良好学习习惯，提升自主学习能力，保护子女的好奇心和学习兴趣，理性帮助子女确定成长目标，不盲目攀比，不增加子女过重课外负担，用德、智、体、美、劳全面发展的眼光评价子女"。

六是"促进子女身心健康发展，保证子女营养均衡，科学运动，睡眠充足，身心愉悦，帮助子女形成阳光心态、磨炼坚强意志、锻炼强健体魄，保持良好生活习惯，有针对性进行青春期教育，增强孩子自我保护的意识和能力"。

七是"培养子女健康的审美情趣和审美能力，引导和鼓励子女亲近大自然，参加社会实践和公益活动，善于发现美、欣赏美、创造美，陶冶高尚情操，提升文明素质"。

八是"教育引导子女树立正确的劳动观念，参加力所能及的劳动，在出力流汗中体会劳动创造美好生活，提高生活自理能力，养成良好劳动习惯"。

九是"注重自身言行，在日常生活中做到爱岗敬业，诚信友善，孝老爱亲，遵纪守法，为子女树立良好的榜样，与子女共同成长进步"。

十是"积极参与学校家庭合作和社区活动，尊重教师和社区工作者，理性表达合理诉求，用好各类教育资源，在家庭、学校、社会协同育人中发挥作用。"

三、引导家长不断提高自身素养，言传身教，为孩子做榜样

家庭教育，从其现象上看是家庭中父母及年长者对子女年幼者的教育，而实质上则首先是对父母年长者的教育，或者说是父母及年长者的自我教育。无数事实表明，孩子是父母的镜子。孔子说："其身正，不令而行；其身不正，虽令不从。"

(一)家长的素养对孩子成长的重要性

家长的教育素养影响孩子的个性发展。家长作为子女一生的教师其地位不可替代。从孩子一出生，他们就担任起第一任教师的角色。无论家庭经济条件如何，也无论家长接受学历教育程度如何，几乎每一位家长都希望孩子平安健康、学业有所成就。如果家长能具备较高的教育素养，给予正确的人生观引导，孩子的价值观便得以引领。同时，家长运用科学教育理念和方法，根据孩子的自身特点以及身心发展规律进行教育，因材施教，这非常有利于孩子的个性发展。

家长的教育素养决定家庭教育的质量。家长的高素养可以创造出良好的家庭环境，孩

子在这样的家庭环境影响下,容易形成良好的行为习惯。家长的言行举止对孩子产生的影响不容忽视。而在孩子身上可以折射出家长的处事态度,也可以反映出一个家庭的教育环境、文化层次等。家庭教育对孩子的健康人格发展起到关键作用。高素养的家长能够运用有效手段解决教育问题,维系良好亲子关系。家庭是社会的单元,家庭和谐有利于社会和谐。

(二)家长的素养对孩子的影响

家长在家庭教育中承担着极其重要的角色,发挥着不可估量的作用。家长的品行修养、心理素质、道德观等都决定了家庭教育的品质,其言传身教对孩子影响深远。

家长的教育观念与家长自身的修养有着密切的关系。修养是社会文明发展的阶梯,父母良好的言行举止将成为孩子的榜样。比如,家长平时使用文明用语,不在孩子面前说粗话脏话,即使在批评孩子时也能注意用词,这就是修养的一种体现。

拥有良好的心理素质,有利于创建和谐的家庭氛围。孩子个性的养成,品德的发展,人格的健全与家长的心理素质以及教育方法息息相关。如果家长平时多关注孩子的心理状态,并且时常与孩子对话沟通,不时予以鼓励,可以创建良好的亲子关系,有助于应对青春期这个敏感阶段面临的各种问题。家长平时要鼓励孩子在面对挫折时迎难而上,遇到困难时冷静思考,可以利用生活小事以身示范。

心态豁达、情绪平稳的家长能使孩子的身心健康发展,有助于他们形成稳定的人格。相关研究发现,父母的情绪和心理健康状况会影响教养方式。情绪失控及抑郁的父母往往更多地使用惩罚和专制的教养手段。

孩子的道德观通常会受到家长的影响,家长的道德观往往在生活中一点一滴表现出来,潜移默化地影响着孩子。正面的价值观是思想道德的重要组成部分,可以起到示范引领的作用。在日常生活中,如果家长经常关注时政信息,时不时与孩子讨论社会的进步,借国庆、建党日等节日让孩子感受祖国的发展,给孩子讲述爱国人士的故事,那么孩子的爱国热情得以激发,有助于他们树立热爱祖国的价值观。

(三)提升家长素养的建议

"家庭是社会的细胞。家庭和睦则社会安定,家庭幸福则社会祥和,家庭文明则社会文明。"不少中学学生家庭教育缺失,孩子的学习和行为表现都会相应出现问题。家长提升自身素养,为孩子树立榜样,有助于培养孩子良好的行为习惯。若家长只对孩子提出要求,却不严格要求自己,则会大大降低自己的教育能力和威信。对于如何指导家长提升素养,具体建议体现在以下几个方面。

1.组织家长阅读学习

家庭教育中家庭文化氛围的营造非常重要。孩子的三观在很大程度上受到家长的影响。家长的三观可以通过阅读来修正。中学教师可以定期组织家长读书会,向家长推荐适合的阅读书目,交流阅读体会。例如,教育部关工委家教中心编写的《成功家教启示录》和《失败家教警示录》从正反两方面论述了家长言传身教的重要性。

2. 树立典型交流经验

教师可以组织召开家长座谈会，为家长提供交流的机会，分享经验。座谈会中，家长往往结合身边的案例来阐述教育方法，贴合实际，也符合其他家长的需求。他们可以吸取他人的经验，结合自己孩子的情况进行应用。在此过程中，还可进一步分享成功或失败的经历，大家出谋划策，共同提高。

3. 引导倾听孩子心声

倾听孩子心声，能帮助家长更好地理解他们，从而运用针对性的教育方法来开展家庭教育，也有助于家长进行情绪管理，提升内在心理品质。中学学生正值青春期，这个时期的孩子个性突出，情绪易冲动，相比家人，更重视同伴交流。此时，如果他们一直得不到家长的理解，就很容易产生亲子矛盾。教师可以搭建家庭沟通的桥梁，例如借助家长会等机会，可以通过书信、视频录像等多种方式让孩子把想对父母说的话表达出来，或者直接让孩子面对家长吐露心声。教师可以教授家长倾听、共情的技巧，帮助他们理解孩子的内心世界。

4. 宣传科学理念

学校教育和家庭教育的方向是一致的，都希望孩子身心健康成长。教师要注重帮助家长树立正确的教育观，引导家长将家庭教育理念融入家庭教育。学校可以通过多种途径帮助家长学习家庭教育知识。邀请专家开展提高家长教育素养的相关讲座，或者开展团体心理辅导活动，家长通过体验式互动活动进行学习，掌握教育理念与方法、明确家庭教育目标。

第四节　指导家长全面正确认识孩子

一、引导家长全面了解孩子

初中生的家长当中，有一些因为学生过往求学经历中学业成绩不佳，而对孩子持否定的态度，认为自己的孩子就是"失败者"，在言谈举止中会不自觉地流露出无奈、失望等态度，却忽视了孩子们也有自己的优点。家长这种片面的认识和观念容易使孩子产生"叛逆"心理，进而导致孩子产生自暴自弃、破罐子破摔的心态，认为自己是被社会遗弃的、被家长放弃的人，这种思想对中学学生的健康成长是极为不利的。

教师要帮助家长正确认识自己的孩子，学会欣赏自己的孩子，正确评估自己的孩子，用心发现孩子的优点并不吝鼓励，真正了解孩子的优势和特点，正确认识孩子成长的多元要素，防止以偏概全。

教师要引导家长不要把眼光只放在孩子的学习成绩上，而是从促进孩子终身发展的视角出发，尊重他们未来多样化发展的可能性。

教师可以引导家长从以下多个维度全面认识自己的孩子：

第一，从生活习惯、学习态度、待人接物、谈吐行动等角度细心观察，家长可以发现孩子的自理、自尊、礼貌、幽默、诚恳等优点。

第二，从社会实践能力、动手能力、人际交往能力、思想道德等方面仔细分析，家长可以发现孩子的勇敢、灵巧、乐观、宽厚等优点。

第三，从性格、信念、意志、情感、价值观念等心理品质中，家长还可以发现孩子的热情、内秀、坚定、坚韧、善良、明辨是非等优点。

第四，从孩子的兴趣爱好、特点特长、理想志愿等出发，结合家庭优势和社会支持，家长可以和孩子一起寻找成长发展的各种可能。

如果孩子爱家爱国，那就是值得父母骄傲的；

如果孩子懂得感恩，那也是值得父母骄傲的；

如果孩子心怀梦想，那更是值得父母骄傲的……

同时，教师也要引导家长关心孩子的"敏感忌讳"之处，言语不要过激，更不要轻易戳孩子的痛处，应该用相对婉转的方式提醒，并表达希望。

从孩子的实际出发，全面认识孩子、纵向评价孩子、客观评价、正向鼓励，这样才能让孩子变得越来越自信，成为一个对未来充满希望，身上有着满满正能量的人。

二、指导家长引导孩子扬长补短

（一）指导家长一分为二地看待孩子，客观评价

事物都是一分为二的，要坚持全面看问题，防止片面性。金无足赤，人无完人，让孩子成为一个"十全十美"的人是每个家长的期望，然而现实却不能事事如意，每个孩子都有长处，也会有不足。作为父母，应摆正心态，发现孩子的长处，接受孩子的短处，从容地面对孩子的成长，陪伴孩子一起成长，努力提升孩子各方面的能力。

教师要引导家长一分为二地客观评价孩子，正视孩子不足，也关注到优点。例如，孩子在课业成绩方面可能有些不足，但动手能力、社会实践能力、艺术欣赏能力、运动健康能力等方面也可能强于其他孩子；孩子在数理思维方面可能略有不足，但在文化基础学科方面具有学习潜力，对专业技能的学习热情高……

值得注意的是，教师在引导家长寻找孩子的长处优点时，必须基于真实的情况，不切合实际的表扬并不能让孩子感受到真心实意。

人生很长，一时的失意不能决定今后人生的走向。教师和家长如果都能基于真实情况客观评价中学学生，并找到学生身上真正的闪光点，由此引发的鼓励与表扬将对他们的成长产生不可估量的作用。

（二）指导家长寻找孩子成长的突破口，以长克短

当家长基于客观评价明确了孩子的优势和不足后，就需要针对这些优势和不足，找到孩子成长的突破口，以长克短，促进孩子进步。

教师和家长要帮助孩子分析自己的优势和不足，激发孩子进行自我探索和自我提升，发挥其长处，把其优点迁移到不足之处，达到取长补短的效果。

第五节 指导家长正确教育孩子健康成长

一、指导家长教育孩子学会做人

教育是为了培养能够在未来社会生存与发展的人。教会孩子从小学会做人,是家庭教育最核心、最根本的任务。作为家长,有责任也有义务赋予孩子健全的人格和在未来社会生存的能力。

家长教育孩子学会做人,应该贯穿于孩子的整个成长过程中。无论是自尊自爱、诚实守信、尊重长辈、吃苦耐劳、勤俭节约,抑或是遵守法律法规、遵守社会公德、恰当待人接物、讲究文明礼貌……都是家长应该不断对孩子给予指导和教育的为人标准。

对于部分中学阶段的学生来说,由于在过往的求学阶段中,学业成绩不尽如人意,长期的挫败感会对人格的养成造成一定的负面影响。而家长将主要精力放在提升孩子的学习成绩上,忽视了对孩子品德的关注,也可能造成孩子德行的缺失,进而产生一系列的问题。因此,中学教师的家庭教育指导工作中,应当引导家长认识到孩子的成人比成才更重要,重视指导家长在日常生活中教育孩子"学会做人"。

(一)教会孩子爱国

中学阶段正是个体人生观、价值观、世界观逐步建立的时期,中学学生具有了初步的是非判断能力,但又容易受他人的影响而摇摆不定。当今社会是信息爆炸的时代,网络上充斥着各种言论,极有可能影响中学学生"三观"的建立。家长由于教育背景和年代原因,在很多事情上可能与孩子存在分歧,但就"爱国"这一点,是不应存在任何疑义的。

教师应当指导家长在平时与孩子的交流、谈论社会事件、安排家庭出游等活动的过程中,潜移默化地引导孩子深入了解国家发展的奋斗历程和取得的辉煌成就,带领孩子领略祖国的大好河山和灿烂文化,感受中华民族的人文精神和高贵品质。最重要的是,家长要以身作则,用自己的实际行动让孩子感受到自己的爱国热情,看到自己的爱国行为,进而受到感染、产生认同、形成观念。

在国家遭遇如地震、洪涝灾害等困境的时候,家长带领孩子参加志愿服务、捐款捐物、力所能及地为国家贡献绵薄之力;在党和国家取得阶段性成就的时候,家长带领孩子参与相关庆祝活动、为祖国喝彩助威,这些都是教育孩子"爱国"的最佳方式。

(二)教会孩子自爱

教师应当指导家长多对孩子做出正面积极的肯定性评价,不要只关注成绩,不要过度焦虑未来,要相信,每一朵花都会有它自己的精彩;要引导家长重视孩子的成功,即便只是一点点的进步也值得被夸赞;要引导家长教会孩子珍惜自己现有的生活和亲人,让孩子感受生活的美好和亲情的可贵;要引导家长教会孩子安全的意识和自我保护的技能,避开可能的危险和伤害。

家长可以通过谈论社会新闻、讲述自身故事、表达自己的观点等各种方式,对孩子进行"自爱"的教育,但切忌说教和威吓,以免产生反作用。

(三)教会孩子诚信

诚信是一种美德,更是一个人为人处世的根本原则,拥有这一美德有助于获得他人的尊重与信任。

教师要引导家长认识到"诚信"对于学生未来职业发展的重要性,并指导家长摒弃自身已有的错误观念,正确地教导孩子学会诚信,将诚信教育融入家庭生活之中。

首先,教师要引导家长"说话算话"。家长对孩子提出的要求,可以先进行甄别,合理的予以满足,不合理的就予以拒绝。重点在于,家长一旦承诺应允,就要说到做到,及时兑现。父母的言传身教,比任何诚信故事都更有用。

其次,教师要指导家长允许孩子犯错,不过度指责。孩子说谎,多数是为了免受惩罚。如果家长对孩子犯错是宽容的,是能够用孩子可以接受的方式进行正确引导和教育的,那么,谎言就不会成为孩子对付老师和家长的"武器",诚信就会成为他自愿意接受的行为。

最后,教师要指导家长营造诚信的环境。家长要以身作则并引导孩子一起真诚对待家人、亲戚、朋友、邻里、同学等,并承担相应的责任。对于身边不诚信的人要正确评判,并加以疏远;对讲诚信有担当的人要表达亲近,并给予支持。这样就能潜移默化地让孩子感受到诚信的价值。

(四)教会孩子友善

友善是指人与人之间的亲近和睦。良好的人际关系是幸福生活的基础,不仅可以促进协作、增进沟通、共享资源,还可以获得愉悦、汲取力量,是身心健康的需要。

教师要引导家长认识到人际关系的重要性,鼓励孩子多与他人交往,并指导孩子以真诚友善的态度与人相处。中学学生的人际关系主要在与家人、与老师、与亲朋、与同学之间,家长可以根据不同人群的不同特点,教导孩子亲近他人、恰当交往的技巧。比如,对待长辈与教师,要注意尊敬的态度与礼貌的言行;对待朋友和同学,应该主动亲切不拘谨等。另外,家长也可以结合自己的职场经验,教导孩子如何与同学和老师相处。与不同人群的相处,有共性又有区分,但真诚友善是核心,相处的细节技巧,要靠家长言传身教。

教师在指导家长教育孩子做人时,有一点必须重点强调,那就是"正人先正己"。家长只有自己"会做人",才能引领孩子正确的人生。

二、指导家长教育孩子学会学习

学习是中学阶段学生的首要任务,包括文化基础、专业知识的学习与训练,以及其他各类实践活动的参与和探究,所有的学习都有助于他们顺利踏上社会。家长作为孩子成长的守护者,需要采用恰当的方式支持和帮助孩子更好地进入学习状态,提升学习效果。

(一)引导孩子树立正确的学习目标

对于学生来讲,确立学习目标是取得优异成绩的关键一环。有了目标,努力便有了方向,学习就有了奔头,每天所学所做就有了尺度来衡量。

人的一生可以分为好几个阶段,每一个阶段都应该设定目标,而这个目标的设定首先来自学生时期。让孩子在学生时期养成自己设定自标的好习惯,他就会在人生的不同阶段设定新的目标,并努力为之奋斗,人生就容易成功。

树立学习目标应该是孩子自觉自愿的事,自己树立的目标当然要想办法去达到。但是在孩子小的时候,他还不懂得这些,这就需要父母循循善诱,培养、引导、帮助孩子设立学习和生活的目标。目标设定后家长还要在开始实施的时候进行督促和帮助,还要不断地鼓励孩子,以免孩子意志不坚定,半途而废,或设定目标达不到,挫伤了孩子的自尊心和自信心。

学习目标对于学生来说:一是长远目标,学习上要不断深造,追求更高层次,譬如读大学、拿学位、当博士,乃至出国留学等;二是中期目标和近期目标,就是按照党的教育方针的要求,打好基础,无论初中,还是高中都属于基础教育的范畴,一定要全面发展,认真学好学校开设的各门课程。以初中为例,制定学习目标要注意解决:初一的衔接问题;初二的分化问题;初三的合格和升学问题。我们家长对孩子的学习成绩都十分关心,根据有关人员调查发现,孩子升入中学以后,学习成绩的变化,大体可以分成四种类型:一是稳定型,二是上升型,三是下降型,四是波动型。面对孩子学习成绩的变化,家长要帮助他们克服存在的问题,明确学习的方向,树立正确的学习目标,力争全面发展。最让人高兴的是成绩上升的孩子,他们给家庭带来了新的希望,家长一定不能陶醉和满足,要及时提出新的目标,发扬成绩,不断前进。对于学习成绩波动比较大的孩子,往往令家长喜忧参半。属于这一类型的学生,大都性情比较浮躁,学习兴趣不够稳定,学习注意力不太集中,掌握知识不全面,学习基础不扎实,多半是非智力因素造成的。家长必须有针对性地提出学习目标,一步步地引导他们端正学习态度,培养自制能力,激发刻苦精神,并严格要求他们从专心致志听课和认真完成作业入手,持之以恒,养成好的学习习惯。

1. 要帮助孩子树立明确的学习目的

孩子在学习中的积极性,主要是指在学习活动中所具有的认真与勤奋、主动与顽强的能动的心理状态。它来自对学习有深刻的认识并希望达到某个学习目标的动机。这也就是我们通常说的学习目的。

2. 要帮助孩子"因人定标"

每个孩子的情况是不一样的,订立具体的学习目标,不能千篇一律,要从孩子的实际情况出发,实事求是,因人而异。例如,学习成绩下降的孩子,其学习成绩下降的原因是多种多样的,一般说来,比较常见的有:①学习方法有问题;②缺乏解决综合性问题的能力;③学习兴趣狭窄引起的偏斜;④不良思想行为的影响等。

家长分析原因以后,要在尊重孩子的前提下,和他们一起找出主要矛盾,分清主次问题,切实地制定适合孩子的具体学习目标,然后采取措施,逐步完成。实现学习目标有一个过程,家长不能操之过急,要量力而行,循序渐进。

3. 倍加关心,不断鼓励

孩子的学习目标,从时间上分,包括远期目标、中期目标和近期目标;从内容上分,可分为各科综合学习目标、单科学习目标和单元学习目标。指导孩子确立正确的学习目标是一项十分细致的工作,它绝不是一次可以完成的。旧的学习目标完成,紧接着又提出新的学习目标,这样多次反复,不断走向更高的层次,最后实现中学阶段总的学习目标。因此,孩子一定阶段的学习目标确定以后,家长要倍加关心,不断鼓励。如果家长的观点和方法不对,势必引起孩子的逆反心理。我们一定要细心观察孩子的学习情绪,主动了解孩子学习上的困难,以及完成目标还需要哪些帮助?然后针对情况,多帮助、多分析、多关心、多鼓励,做好思想工作。尤其是对他们的进步,哪怕是微小的,也要多加肯定,及时表扬,使其增强信心,不断克服困难,不断调动完成学习目标的积极性。

4. 要争取教师的配合和支持

学生的学习状况和发展方向,教师最有发言权,尤其班主任教师与学生朝夕相处,他们更熟悉、更清楚,心里有"一本账"。家长指导孩子制定学习目标,事先要与班主任教师和各科教师联系,了解情况,征求意见,求得共识。这样才能指导孩子制定具有激励作用的学习目标,还可以达到学校与家庭教育的一致,形成合力,争取最佳教育效果。

(二)指导孩子找到科学的学习方法

根据学生认知发展规律,有很多已经被实践证明行之有效的科学学习方法,比如课前预习、专心听讲、积极思考、先复习后作业、独立完成作业、错题整理等,都是可以有效提升学习效果的。很多中学学生由于没有完全掌握或坚持使用上述学习方法,导致学习成绩不佳。

教师要引导家长对孩子的学习方法进行指导,督促孩子坚持使用科学的学习方法,提高学习效率。同时,教师也可以向家长介绍一些其他的科学学习方法,比如思维导图法、举一反三法、注重实践法等,指导家长根据孩子的具体情况进行指导和点拨,获得更好的学习成效。

此外,教师要引导家长帮助孩子分析自己的学习风格,找到最适合自己的学习方式,也有助力于孩子建立起学习上的自信。

(三)引导孩子培养良好的学习习惯

"与其给孩子金山、银山,不如给孩子好习惯。"好习惯可以使孩子终身受益。良好的学习习惯与好成绩之间有着密切的关系。

好的学习习惯主要包括:在学习上专心的习惯;规划作息时间的习惯;独立思考的习惯;检查作业的习惯;整理学习用品的习惯等。此外,勤学好问、刻苦钻研、独立作业、课外阅读等也是较好的学习习惯。

教师在指导家长培养孩子良好的学习习惯时,首先要强调家庭需要为孩子提供可以安静学习的环境,家长不能在要求孩子专心学习的同时,自己却聊天看电视甚至打麻将;家长也不要过度关心、时时打扰正在学习的孩子。

其次,教师要指导家长和孩子一起制定有利于学习的作息时间表,并相互监督完成。这个作息时间表不能只是针对孩子的,家长也要参与并做到,这样才能成为孩子的榜样,促进孩子良好习惯的养成。

最后,教师要指导家长有意识地培养孩子自主学习的习惯。"授人以鱼,不如授人以渔。"自主学习的能力要比知识的获得更加重要。家长引导孩子自己独立思考、自己检查作业、自己整理物品等都有助于良好学习习惯的养成。

(四)指导孩子提高创新精神和实践能力

对中学学生来说,创新精神和实践能力是十分重要的专业素养。

创新精神是一种发现问题、积极探求的意识趋向,是指敏锐地把握机会、敢于付诸探索行为的精神状态。创新过程并不仅仅是智力活动过程,还需要敢于创新、不怕挫折的恒心和毅力,还要有对真理执着追求的勇气。实践能力,则是把创意付诸实践并产出成果的能力,也需要有百折不挠的韧劲加持。

创新精神和实践能力不仅需要学校教育加以培养,也需要家庭教育的培育。

教师要指导家长保护孩子的好奇心,培养孩子的探究精神,鼓励孩子在家里多动手,千万不能因为怕麻烦、怕闯祸而打击孩子的创造欲,要鼓励孩子大胆尝试和探索。

教师要指导家长开拓孩子的视野,和孩子一起增长见识,丰富孩子的社会经验,引导孩子在生活中、在身边的世界里发现问题,思考解决方法。

教师要指导家长在孩子遇到困难和挫折的时候,及时鼓励、创造条件、提供支持。

三、指导家长教育孩子学会生活

学会生活就是培养积极乐观的生活态度和健康向上的生活方式,提高生活自理能力和社会自立能力,养成健康有序的生活习惯。

(一)培养孩子积极乐观的生活态度

教师要指导家长做到以身示范、环境熏陶,引导、帮助孩子全面认识自我,正确评价自我,找到自己的个性特长,根据自己的实际情况,确立恰当的人生目标,培养适当的兴趣爱好,逐步形成热爱生活、珍爱生命、不怕困难、积极进取、乐观向上的生活态度。

(二)培养孩子健康向上的生活方式

当下初中生当中存在着一些不健康的生活方式。比如,有些学生不考虑家庭实际经济条件,相互攀比,追求时尚,过度消费;有些学生饮食没有规律,甚至暴饮暴食或者过度节食……对于这些情况,教师要指导家长自身做好榜样示范,包括作息、衣着、用餐、言谈举止、卫生、守时等,在潜移默化中影响孩子,教育孩子养成合理消费、规律作息、科学饮食、讲究卫生等良好生活习惯。

(三)鼓励孩子参与体育锻炼和健康的文化娱乐活动

有研究表明,适量的体育锻炼不仅可以增强体魄、提高免疫力,还可以缓解压力、增强自信、培养积极的心态,有助于提升生活品质。因此,教师要引导家长安排好孩子的体育锻炼。同时,教师要鼓励家长根据孩子的特点和兴趣,合理培养孩子的体育、艺术特长。

四、指导家长教育孩子热爱劳动

2020年3月,国家颁布了《关于全面加强新时代大中小学劳动教育的意见》,把劳动教育纳入了人才培养全过程,让学生树立正确的劳动价值观,培养劳动能力,形成劳动习惯。职业院校以实习实训课为主要载体开展劳动教育,需开展劳动精神、劳模精神、工匠精神专题教育。

《关于全面加强新时代大中小学劳动教育的意见》明确指出"家庭要发挥在劳动教育中的基础作用""家庭要树立崇尚劳动的良好家风,家长要通过日常生活的言传身教、潜移默化,让孩子养成从小爱劳动的好习惯"。

根据初中生的实际情况,家庭教育中需要关注的劳动教育可分为日常生活劳动教育和服务型劳动教育。前者注重在学生个人生活自理中强化劳动自立意识、体验持家之道,这也是学生健康发展、适应社会生活的重要基础;后者则注重利用知识、技能、工具、设备等为他人和社会提供服务,包括公益劳动、志愿服务等。

(一)指导孩子开展家务劳动

教师要指导家长为孩子创设条件开展劳动实践、培养劳动观念。家长可以安排孩子专职承担某项家务劳动,或者让孩子定期完成"一日当家"等活动,让孩子逐渐养成劳动习惯,也有助于培养孩子的家庭责任感。

(二)支持孩子参加公益劳动

教师要指导家长明确公益劳动和社会志愿服务的重要性,鼓励、支持甚至陪伴孩子多参与此类活动,让孩子感受到劳动的意义和自身的价值,这些对孩子的健康成长有着极其重要的作用。

(三)鼓励孩子从事专业劳动

教师可以指导家长有意识地让孩子了解各行业劳动模范的典型事迹,讲述身边优秀劳动者的感人故事,让孩子明白"行行出状元"的道理,鼓励孩子认真学习专业技能、积极参加实训实践、工学交替、顶岗实习等专业劳动,真正懂得劳动光荣。

五、指导家长教育孩子学会交友

俗话说"近朱者赤,近墨者黑",家长对于孩子的"交友"问题一向是比较关注的。但是,中学阶段的学生自我意识迅速发展,在很多方面想要"独立",摆脱父母的"控制",显示自己是"大人",尤其是在交友方面,通常都要自己"说了算"。但由于思维和阅历的限制,中学学生择友、交友普遍具有主观倾向,缺乏正确的判断。

针对这样的情况,教师首先要让家长理解中学学生是喜欢交朋友的,并请家长支持孩子和朋友之间的正常社交。其次,教师要指导家长教育孩子学会交友。

(一)引导孩子慎重择友

教师要指导家长在日常生活中,通过闲聊、漫谈等非正式的沟通交流,为孩子树立起正确的是非观念和道德判断力；在尊重和接纳孩子想法的前提下，一起分析择友的基本标准；尽可能充分了解孩子的"朋友圈"，鼓励孩子多层次、全方位地了解他人，正确评价他人，支持孩子和不同性格特点的同学交朋友，多交朋友，进而逐步引导孩子找到最合拍、最能够实现共同成长的真朋友。

（二）引导孩子真诚交友

教师要引导家长恰当关心和关注孩子的交友情况，并适时予以指导。中学学生在交友过程中，势必会因为各种原因出现问题，比如观点不一致、发生误会、存在竞争、强人所难的情况等。教师可以指导家长通过观察孩子的言行，及时发现问题，然后充当倾听者，让孩子将发生的事件以及自己的真实感受说出来，随后结合生活经验，教会孩子解决问题、处理关系、维护友谊。家长要和孩子一起分析所发生的事件，要引导孩子正确判断是非曲直，对朋友进行客观评价，既不能武断地要求孩子与朋友断绝往来，也不能让孩子委屈求全。

对中学学生而言，家长应该是孩子交友过程中的支持者、提示者，决不能成为主导者。

第五章 学校家庭合作共育中家庭教育指导的主要途径和方法

第一节 家长会

一、家长会的目的与功能

家长会的目的是要促使家长与教师之间的互相理解和支持,使学校与家庭向学生提出同样的要求,始终从同样的原则出发。因此家长会的功能是促进家长和教师、家长和家长、家长和学生之间的交流和沟通。家长应该是教师的合作伙伴,教师应该把家长会建成连接心与心之间的一座桥。

(一)在集体氛围中增进了解

所有家长按时到班级中参加家长会,近距离面对面,更快地熟悉教师、接受教师、信任教师;教师也通过家长了解学生整体情况,知晓家长在家庭教育中遇到的棘手问题,从而有针对性地进行统一指导,使教育有的放矢,因材施教。

(二)相互交流学生表现情况

家庭、学校是学生活动的两个最重要的场所。作为家长,迫切想要对学生在学校的表现有一个更深的了解;同样,班主任也想对学生在家的表现有一个更全面的了解,以便针对学生出现的问题给予及时的处理。因此,相互交流学生情况是家长会的重要内容。为了节省时间和掌握主动,要注意引导家长尽量讲教师想知道的情况,内容要集中;在向家长介绍学生在校情况时,要认真选择内容,要充分考虑到反馈给家长后可能会产生的影响,教师在面对家长时,心里一定要想着学生。

(三)帮助家长提高家教水平

家长是教师的助手,家庭是学校的第二课堂。帮助家长提高家教水平,可以大大促进对学生的教育效果。一些优秀家长的家教情况是最生动的教材,最易为其他家长学习仿效,因此可以请优秀家长分享经验。同时在家长会上也可让家长倾听孩子的心声,它会给家长的心灵以极大的触动,使其自觉改正一些不恰当的家教方式。

(四)阐明、宣传有关政策

班主任、教师要多与家长沟通教育方针政策、学校制度,汇报学校教育教学现状,主动展示班级主题活动、学习成果等,增加了解、增进理解,消除隔阂、误会。切实提高家长的主人翁意识,并欢迎家长对学校发展提出建设性的建议。

二、家长会的一般流程

家长会是学校教育的有机组成部分,是教师与家长沟通的主要桥梁,是家长了解子女所在班级以及子女学习情况的窗口,也是班主任班级管理和班风建设的重要途径和有效延伸。家长会的一般流程包括会前通知、会前准备、家长签到、家长会主题及目的介绍、学校情况介绍、班级情况(包括任课教师和学生)、近期考试情况以及给家长的建议等方面。

三、成功家长会的基本要素与重要环节

家长会作为传统的学校家庭合作方式,仍是教师和家长间交流学生情况、共同寻找教育方法的有效途径。各年级每学期至少要召开一次家长会,以双向互动为纽带,架起学校与家长、家长与家长之间沟通的桥梁。成功的家长会以三个"有利于"为特征,也是家长会的目标,即有利于学生身心健康发展,有利于增进家长对学校的了解和支持,有利于教师与家长、学生的相互交流与协作。

成功的家长会没有固定的模式,但包括一些基本的要素,比如在较长时期内,对家长会的组织有一个整体的规划,具体到某一次家长会,则应该有明确的目标设定、有清晰的主题设计,还要认真设计整个家长会的各个环节,这样才能保证整个家长会的效果。

(一)设计家长会内容

建议班主任从整个学年甚至扩展至整个高中时期的教学任务以及学生不同阶段的成长需要,在一个较长时间段内设计家长会内容。

每次家长会,我们都应该让家长有所收获,作为教师我们不但要把眼光放在班级的管理上,更应该为孩子的长远发展而考虑。对于班主任而言,虽然每个学期开的家长会次数并不多,但是每一个班主任最好能够根据高中三年的学习任务,并考虑到每个学年、学期不同的学生发展要求,系统规划、整体设计每一学期、每一学年的家长会。班主任要对每一学年、每一学期的家长会要解决什么问题、达到什么目标有清晰的定位,具体到每一次的家长会,则必须有明确目标。

(二)确立清晰的目标与主题

每一次家长会都应该具有清晰的目标与主题。班主任应该从三个"有利于"出发,设计每一次家长会的主题。一场家长会可能有一项内容,也可以有多项,但每一项内容都是在班主任的构想之中的。

1. 以促进家校沟通为主题,让家长对学校校风、班级班风有深入的了解

孩子升入高中的第一次家长会特别重要,因为这是班主任与家长的第一次见面。班主任要在这一次家长会上向家长介绍学校的教育理念与办学思路。同时还要向家长阐述自己的工作思路、班级管理目标。通过第一次家长会,达到家长对学校办学理念的理解与认同,这有利于接下来三年内的持续的学校家庭合作共育。

2. 以促进亲师交流为主题,让家长了解孩子的情况,促进班主任(教师)与家长的互相了解

班主任可以在家长会上介绍班级常规事项,例如班级活动、班级管理、学业成绩、家长支持等,以及反映学生的进步以及存在的问题。对班主任而言,家长会也是一个很好的窗口,可以通过观察家长的穿着、谈吐、礼仪,据此了解家长的文化水平、家庭教育观念等,从而有的放矢地对那些需要帮助的家庭给予针对性的建议。

3. 可以邀请学科教师参加家长会,让家长了解学科教学情况,更好地配合教师做好教学工作

班主任可以邀请学科教师参加家长会,请各学科教师介绍本学科的教学重点、难点,学生的学科学习情况,以及需要家长协助完成的有关事项,让家长能够及时了解孩子的学习成绩以及如何配合教师,共同促进孩子的学业。

4. 以家庭教育辅导为主题,提升家长的家庭教育观念与意识

班主任可以提前根据本班家长的家庭教育需求,如选科指导、学科指导、高考志愿填报等问题,由自己或者家长邀请专家,为家长开设相关家庭教育主题的讲座。也可以邀请家庭教育咨询师,为家长提供具有针对性的问题诊断与指导。

5. 可以成为优秀家长的经验分享会

家长会可以邀请一些优秀学生的家长介绍他们的经验和做法。实践证明,这是一种非常受欢迎的家长会形式。因为同一班级的学生家长的经验对其他的家长来说会感觉更可信、也更科学。

(三)周密设计,精心准备

1. 周密设计家长会的程序

班主任是会议的组织者,家长会的程序要认真研究、周密设计,以充分调动家长参与的积极性,更好地达到预定目的;设计程序时可考虑以下几个方面:开场白说得自然、有启发性,切入正题要自然。主要议题由浅及深,要使大家积极参与,营造出一种民主、和谐的氛围。

2. 做好准备工作,灵活确定家长会的时间

包括准备课件、发通知,印制相关需要发放给家长的材料,以及向家长汇报、展示的各种材料,家长意见反馈单等,班级的会场要布置得井井有条。必要时,可以动员学科教师、家长和学生做好相关准备工作。

(四)及时反思,深入总结

家长会结束以后,班主任要及时反思本次家长会的效果,可以通过会后与家长交流和学生沟通,了解家长的反应。另外,对于家长会提出针对学生情况的问题,也要及时关注。

四、班主任(教师)在家长会上应该注意的要点

一场成功的家长会对班主任的要求非常高。在家长会上,班主任作为学校的"形象代言

人",应该做到尊重每一位家长,注意自己的姿态、礼仪,要自信而且还要赢得家长的信任,还要善于应对家长会上一些突发的事件。

(一)尊重、理解每一位家长

首先,应该尊重每一位家长,对每一位家长都心怀敬意;其次,教师要真心理解每一位家长对自己孩子的爱护之心,理解他们一切为了孩子的"父母心";最后,要平等对待每一位家长,无论这位家长的学历、收入、社会成就如何,教师和家长都是平等的,决不能歧视任何一位家长。

(二)注意自身形象,用语礼貌、恰当

家长会上要有良好的形象与姿态,着装应得体、大方、优雅,态度要和蔼而谦逊。在语言方面,要用词恰当,语句流畅,语气温柔而不失幽默感。要多用正面语言,尽量不用"不能""不要""不行"等消极性语言,对家长提出的意见要做出积极回应,说话要把握好分寸,对于一些敏感的问题要慎重,对于学生的评价应该以鼓励为主,勇于面对工作中存在的问题。

(三)体现专业自信,但又不能高高在上

在家长会上,无论面对什么样的家长,一定要体现出自己的专业自信。要以自己丰厚的专业知识和工作经验,为家长分析当前高中阶段孩子的发展特点,尤其是在新高考政策下,他们要面临的各种选择与挑战。同时,在体现自己专业性的同时,也不要以教育专家自居,或者在交谈中使用过多的专业术语。教师最好能用通俗易懂的语言与家长真诚地交流,让家长觉得亲切、可亲,这样才能得到家长积极地理解、支持和配合。

(四)营造民主氛围,切忌不能成为"一言堂"

传统的家长会是校方的"一言堂",教师一股脑讲述很多内容,而家长只是长时间被动听讲,基本上没有机会发表意见,实际能听进去多少是个未知数。在这样的家长会上,班主任是绝对主角,家长没有多少发言的机会,双方相互交流研究问题不多。所以,班主任要营造民主和谐的气氛,不能让本应相互协调沟通的家长会变成班主任的"一家言",家长会不应是班主任的独角戏,而应该是大家共同的交流场所。

(五)尽量兼顾普遍性与个别性问题

为了提升家长会的效率,教师应该在家长会上清楚地介绍班级管理、孩子的学习情况、今后的工作安排等这些所有家长都关心的问题。

同时,教师也要能够在家长会上反应部分学生的特殊问题或个别学生的个性化问题。因为家长来参加家长会,更想了解自己孩子在学校的具体情况。

(六)新教师开好家长会的"要诀":态度胜过技巧

每年都有很多刚刚踏上班主任岗位的"新手"教师,对他们来说,新的岗位、新的班级、新的学生、新的家长,常常会由于经验不足以及缺少自信而导致一些问题,如难以获得家长信任等。针对新教师或班主任如何开好一场家长会,尤其是职业生涯的第一次家长会应该注意的问题,提出如下建议。

1. 用真诚的态度赢得家长的信任

第一次组织班级家长会,新手班主任非常容易紧张。有些新手班主任担心因为自己资历低、经验少而"应对"不了家长。这个时候一定不能勉强自己"逞能",如以自己的班主任特殊身份,想在气势上"压住"家长,最好的做法是,向家长"真诚敞现"自己,用自己对学生的爱心、对家长的诚意赢得家长的信任。

新手班主任不妨坦白地告诉家长自己工作经验不足,但同时也要让家长感受到自己对学生的爱是一点也不少的,并且让他们相信在未来的日子里自己会不断提升专业能力,与家长真诚合作,共同帮助孩子度过每一个重要时期。

2. 关注细节,做足功课

新手班主任可以向家长呈现班级管理以及学生在校学习生活的各类生动的细节。因为家长非常关注孩子在学校的表现,如果班主任能把很多细节呈现给他们,他们会非常感兴趣,而且通过这些细节,能够体会到教师的用心与细心,觉得班主任认真负责、有能力。那么几次家长会后,家长对班主任的信任就逐渐建立起来了。这就需要班主任提前做足功课,要在日常的班级管理中,做一个有心人,能够关注到每个学生的成长变化,并能够记录下来。

五、别开生面、不拘一格的家长会组织方式

一直以来,家长会作为家校沟通的常规途径也在新形势下悄然发生着变化。家长会的功能是多元的,形式也应该是多维的。如交流分享式、讲座式、咨询式、研讨式、三维互动式等,家长会也面临着从单一到多元的选择。实现家长会传统角色和方式的转变,从单纯的教师主导转变为家长和教师平等参与,由单向说教转变为双向互动,正成为家长会的新趋势。

(一)交流分享式

交流分享式家长会,重在教师与家长、家长与家长之间的互动、分享。班主任教师可把社会生活中的一些有关教育方面的热点问题及较敏感的教育现象等,或者从学生的问题或家长的需求出发,提出家长关心的一些问题,在家长会上进行讨论、分析,以最大限度地引起家长的"观点碰撞交锋"。

尤其是当临近选科、填报志愿的时候,可以多召开这一类的家长会,引导家长共同讨论、共同分享心得体会,形成共鸣和共振。由于这类话题都是家长感兴趣的,家长参与的积极性也会非常高,效果也会大大提高。班主任也可以邀请各科教师谈谈学生学习本科目的兴趣、态度等,还可以请家长谈谈对教育问题的认识、谈谈他们有意义的学生时代、谈谈工作感受、谈谈生活的艰辛与幸福……这些都是很好的教育形式。

(二)成果展览式

家长会也可以做成展示会。可以展览孩子的作业、作品、获奖证书或学生现场表演等,让家长在班级背景中了解自己的孩子。比如,在家长会上,让所有学生到场,让他们把自己最好的一面展示给家长。如某一次成功的作业,某一次满意的成绩,某一篇在全班朗读的作文,某样自己的小发明、小制作,某一张书画作品等,让家长感受到自己的小孩在某一个方面

做得很棒。

（三）专家报告式

就学生入学后某个阶段或某个共性问题，请专家做报告并现场答疑，以提高家长的教育素质、解决家长的困惑。比如，专门请某一个教育专家来做一次讲座，谈谈关于家庭教育和学校教育应怎样有机联合，让家长学到一定的知识；临近高考时可以请心理专家辅导家长如何做好学生的心理疏导，减轻孩子的心理压力。

（四）师生联谊式

教师、家长、学生相聚在一起，用表演等欢快的形式，共同营造和谐的气氛，增进感情和了解。还可以以丰富多彩的"亲子活动"的形式，通过双方的亲身体验，为家长和学生之间搭建一座沟通交流的桥梁。

（五）主题沙龙式

有的教师很怕开家长会，因为经常有家长提出一些尖锐的问题或质疑校方的某些举措，使得班主任无所适从，大费脑筋。为了缩短和家长之间的距离，使家长会真正解决一些学生的具体问题，从而起到家庭教育指导的效果。有的班主任把家长会开成了"主题沙龙"。这样的家长会往往是由教师引领的，一部分家长自愿参加，定时开展，每期都有不同的主题。这样的家长会形式不仅气氛宽松，而且在班主任引领下，可以学习到关于家庭教育的相关知识与技能。

（六）分类家长会

随着社会的飞速发展，当前的家庭情况比较复杂，一个自然班有不同类型的家庭情况。传统地把所有家长都召集在一起的家长会很难满足各类家长的个性需求。所以，家长会可以针对不同家庭分类、分组召开，如把具有相似需求的家长召集在一起开几个小型的家长会，这样分组召开更有利于解决家长的实际问题。

六、教师在家长会的角色

家长会需要教师有意创设和谐融洽的氛围，拉近彼此的距离；家长会上教师要用诚心、真情与家长交流，多站在家长的角度去考虑问题，无论是面对全体还是个别谈话，都要让家长体会到这一点。总之，从情感上贴近，在技巧中升华。

（一）家长会的精心组织者

首先提前准备好会议通知，明确主题，诚恳邀请家长参与，保证出席率；其次营造良好的家长会环境，教师仪表、言语得体，让家长体会到被尊重和重视的感觉；再次就是充足的会议内容准备，最好列出提纲，因为教师的每次讲话都体现出一定的教育思想和水平，直接影响着教师在家长心目中的地位和家长对教师的信任。尤其是第一次家长会，讲话要到位才能有良好的开端。

（二）家长会的创意策划者

每次家长会都有一个主题内容，在准备期进行创意策划、考虑越成熟，话题越集中，越能谈深谈透,家长得到的指导、学到的方法就越多,因此大可不必面面俱到。有时可以是针对学生年龄段内常见学习、心理问题的,有时也可以是针对家庭教育中出现的普遍问题的。总之,通过创设主题、创意形式和内容召开的家长会,会更受家长的欢迎。

(三)家长会的幕后指导者

教师应充分利用家长会,面对面地多与家长沟通交流,尤其要捕捉时机,既考虑全体,又不忘兼顾个别,共性问题面对全体,个体问题更侧重个别分析与交流。家长关心班级整体情况,更关心自己孩子的个体情况,教师要有意识地把时间和空间让给家长或学生,使他们成为家长会的主角。

(四)家长会的沟通协作者

教师是学生家庭的沟通协作者,教师了解清楚家长的困惑,给予了育人措施指导后并不意味着问题的解决,也要关注家长会后家长是否与孩子进行沟通,观察学生在校表现是否有变化,了解学生在家中表现,及时肯定学生的进步以及家长的配合,这样才能起到真正的教育效果。有些疑难问题即使一时不能完全得以解决,也可承诺日后继续商讨或解决,从而让家长真切体验到被尊重,保持学校家庭间的密切协作。班主任还是家长与其他各科教师之间沟通的协作者,一次家长会不是一言堂,有时会有多位教师与家长沟通学生学科学习情况,多位教师事先可以商量讲述内容,避免各说各的,内容重复,建议各自突出交流重点,使家长会的效率更高。

第二节 家庭访问

一、家访的概念及状况

"家访即家庭访问,是指教师到学生家中进行访问,以便加深学校教育和家庭教育关系的教育工作方式。"[①]家访一般是由学校组织、班主任和授课教师具体实施。通过家访可以促使家长积极参与学校,使学校家庭关系更加紧密,及时交流沟通教育信息,充分协调教育力量。根据交流内容的不同,可将其分为了解性家访、探望性家访、预防性家访等。

二、家访的目的

①家访是教师对学生作全面了解的重要渠道。通过家访,可对学生的成长环境和家庭教育状况有一个切身体会,这不仅能帮助班主任了解学生,也有利于以后更好地根据实际情况有针对性地教育和引导学生。

②家访能够促进班级建设和管理。新接手一个班级的教师需要主动向家长介绍自己的教学风格,对孩子的培养方向及未来期望等,让学生和家长都能更好地了解并接受自己,加

---

① 邓李梅,曹中保.家访:"家校"合作的最佳切入点[J].湖北师范学院学报:哲学社会科学版,2004(1).

快"新旧过渡"。家访过程中的交流还可以进一步培养师生间的情感,学生能感受到教师高度的责任心和真诚的爱心,促使他们有意识地克服缺点,服从管理,发挥他们最大的主观能动性,更加积极地参与学校及班级组织的各种活动和学习。这对于一个班级的和谐文明发展极为有利。

③家访能将学校的教学理念、教学目标、学风校风等及时传递给家长,减少学校家庭间的隔阂。对于任何可能存在的分歧而言,事先沟通相对于事后解决都会有成效得多。

④家访能够增强家长的责任心并帮助他们科学教育孩子。学校是教育学生的主阵地,理应肩负起教育的一切责任,但单靠学校则力不从心。教师可以借助家访等形式广泛宣传,大力倡导家长参与教育。

三、家访的原则

(一)计划性原则

家访工作要有计划地展开。俗话说"不打无准备之战",有计划有步骤的工作才能有条不紊地开展。家访前教师要对学生的各类信息心中有数,然后结合学生在校内的表现,对学生有一个较全面和正确的认识,才能有的放矢,因材施教,教育和引导学生朝着正确的方向发展。同时进行家访时目的要明确,教师应该把要谈的问题准备好,要了解的内容设计好,要达到的目的拟订好,有备而至,交谈时才能有条不紊。

教师要做到有计划性地安排和选择恰当的时间。在去家访之前最好能够与家长预约,让家长有心理准备,这样既能把自己的素质、工作作风和真诚用意展现给家长,又能取得家长的积极配合。同时事先约定可以避免浪费时间,提高工作效率。而家访的时间长短也要合理地控制,要根据具体的内容适当调节,一般以半小时左右为宜。

(二)批评表扬兼顾原则

每个学生都有一些优点和长处,也客观存在着缺点和不足,初中学生自我意识增强,希望得到肯定。所以教师家访时,要先肯定学生的长处,也要善意指出弱点,批评表扬兼顾,多表扬、少批评,多鼓励、少挑剔,寓批评于表扬之中,以此激发学生发展特长,克服缺点,增强信心,不断进步。切不可只盯着学生的短处,更不要小题大做,把学生说得一无是处,伤害学生和家长的自尊心。

(三)民主原则

班主任或教师去家访,一方面要介绍学生在校表现和各方面情况,另一方面也要了解学生在家表现等情况。家长对孩子的特点了解更全面具体,所以家访时,可以让家长多讲,无论是谈优点还是说缺点,教师都要耐心倾听,全面了解学生,因势利导,在家长的配合下探讨合适的教育方法。教师不可一人独白,把一桩桩、一件件大事小事都倒给家长。即便是因为学生犯错误而来,也应该心平气和、冷静交谈,实事求是,耐心交换意见,保持和谐的气氛,取得家长的配合。既不可以教师自居,摆出教训的架势,也不可被个别家长的辩解袒护气势所吓倒,要做到互相尊重。

四、家访的时机与内容

家访很多时候都是在学生犯错误后向家长反映情况,希望家长共同配合教育而进行的,这是很有必要的。但正因为如此,不少学生、家长对家访特别敏感,认为教师家访就是"告状",往往会产生反感情绪。因此,只有选择合适的家访时机,才能取得良好的效果。

(一)开学初

一个班几十个学生,他们各有不同的家庭环境,不同的个性、兴趣和爱好,要做好班主任工作,只有全面了解学生的情况,才能有的放矢进行教育,尤其是对于小学生,他们对新教师都怀有崇敬的心情,家长也对孩子的新班主任寄予很大的期望。因此开学初,以了解学生情况为目的进行的家访是很有必要的。

(二)遇到困难时

给困难的学生送去师生捐助的钱与物,给精神上受到打击的学生送去一份师爱与关怀,给身染疾病的学生送去问候。这种家访会化为一种动力,鼓舞学生克服困难,勇往直前,还会促使家长更好地配合学校工作,共同教育好学生。

(三)取得成绩时

当孩子有了进步或某一方面取得一定成绩时,教师要发自内心地赞扬,由衷地表示祝贺,并通过家访的形式告诉家长,使学生感到有成就感。这种"正面"家访往往能促使学生更加努力学习,以取得更好的成绩。同时,家长也会分享孩子的快乐,更加关注孩子,关注教育,关注学校。

五、家访的内在机制

家访对于家庭而言,是一种权益;对于教师而言,是一种手段,一种机制。无论时代发生多大变化,教师能够挤出时间,亲临学生家庭,真诚与家长沟通,共同探讨解决孩子教育问题,提高家长素质,改进学校教育方法,都非常值得提倡。家访中既有固定要求,也有根据实际情况的创新。有人根据经验总结出这样的几种方式:带着表扬家访、协同(学生)愿望家访、避开父母家访、趁着探访家访、路上偶遇家访、同行代行家访、带领学生家访、集体形式家访、特殊场所家访、学习榜样家访。① 这里的总结在逻辑上虽有一些问题,但还是包含许多可贵的经验。无论家访有多少种方式,一般来说还是要遵循这样一些固定的程序。

(一)选择家访的对象

家访的常规状况是即时性的,有时候也会固定安排。但无论如何应该根据需要,既是家庭的需要,也是学校的需要。如果仅仅只是学校的需要,家庭没有感觉到需要,教师就不应该贸然家访。当教师感觉到需要家访而家长没有意识到时,教师可以将家访意图告知家长并进行协商,在得到家长的同意之后,家访才能进行。确立家访对象时一定要注意学生的情

---

① 张爱玲.美国学校主导与学区主导家校合作新方式[J].人民教育,2015(24).

感态度,尤其是年龄较大的孩子。一旦是围绕孩子的问题而开展的家访却没有得到孩子的同意,孩子极可能会产生抵触情绪,从而影响家访效果。

经验证明,时机的把握是家访成功的重要保证。在全面家访的同时,要注重特殊家庭、重点孩子的家访,把握好家访的时机。一般来说,班主任接班以后就应该有计划、有步骤地对学生的家庭进行普访。通过普访,对全班学生的家庭情况有一个大概的了解。普访时反映学生的情况,争取家长的配合与支持,使学校教育与家庭教育取长补短,达到事半功倍的教育效果。如遇特殊情况,比如学生生病在家,学生家庭遇到困难,学生取得好成绩,后进生有了进步等,这时进行速访效果会更明显。对于特殊家庭,要根据需要经常家访,比如一些学生父母在外地工作,那么教师就应经常保持与家长的沟通,采用电话和网络等方式经常家访。① 家访应该在需要时开始,需要与否靠教师的主观判断,靠教师的职业敏感。家访尽管费时费力,但是只要充分做好,就能够事半功倍。

(二)明确目的和任务

家访,顾名思义就是家庭访问和家庭调研,以增进感情,达成共识,发现问题,解决问题。家访,有摸底式的,以调查家庭的基本条件、基本状况为主要目的。有的是针对问题去的,以解决孩子的问题为目的,或以沟通学校家庭情感为目的。还有以改进学校教育为目的的,比如学校推行了某种政策,通过家访了解家长的态度。也有以总结经验为目的的,比如有的孩子表现很优秀,他身上的经验折射出家庭教育的效果,值得总结经验,加以推广。无论如何,目的要明确,任务要清晰。

(三)采取适当的方法

家访,一要观察,观察小区、社区的外部环境,观察家庭内部环境和孩子成长的物质环境、空间环境;观察家庭人文环境,如父母的基本特征、家庭人口状况、家庭氛围;观察和感受亲子关系状况,家庭成员关系状况。二要交流、沟通。首先是倾听,讲明目的和来意之后,学会倾听,真诚地听、用心地听、耐心地听、广泛地听,积极地听。倾听是一门重要的学问,尊重家长的发言权,不要给家长施加无形的压力,让对方不敢于表达;家长讲话有可能不那么专业,因此要有耐心。家长讲的内容有可能不太集中,要广泛地听,汲取各种信息。积极地听就是要及时回应,适度地插话,巧妙地引导。涉及孩子的学习表现时,尤其要慎重,孩子的问题可能是家长和孩子最担心的,教师要全面地评价孩子,要准确地说出孩子的表现,不要夸大事实。要围绕孩子的表现发现家长的问题,并巧妙地指出来。对待家庭教育中出现的问题,在家访中要适度地指出来,但要给予家长一定的尊严,可以合理归因,但不要过多地埋怨。

(四)注重礼仪

家访中,教师要注重礼仪,友善、礼貌地到访,要尊重家庭的生活习俗,不要给家庭添加麻烦,说话时要彬彬有礼。

---

① 朱红.新时期中小学教师家访探析[J].教育探索,2010(5).

(五)反馈与总结

针对家庭教育中出现的问题要积极地指出来,并提出改进建议;对于当时不能解决的问题,回去后要及时回应解决,不能石沉大海。家访之后,要对家访内容进行及时总结,要结合学校教育反思自己在教育中出现的问题和不足,带头反思,做出调整。家访不仅使教师能够及时发现和解决问题,给家长和孩子送去温暖,同时也是教师了解社会真实生活的重要渠道。

六、家访的方法与技巧

(一)真诚接纳每一个家庭

教师的真诚而且能够让家长体会到这种真诚,是亲师交流顺利、有效的根本。家访中会遇到各种各样的家庭,并不是每一位家长都信任教师,愿意向教师敞开心扉。尤其是一些特殊家庭,比如离异家庭等。这个时候就需要教师主动联系家长,真诚、认真地和家长就孩子的问题进行沟通,让其体会到教师都是为了孩子好。这样家长就会在家访中愿意向教师打开心门。

(二)用心观察、感知受访家庭环境

家访可以让教师直接面对学生成长以及家庭教育发生的现场。教师要充分利用家访的每一分钟,细心观察家庭布置,留心家长的每一个行为、每一句话,从这些细枝末节来客观评估孩子的成长环境,这样在与家长交流的时候更加能够从他们的家庭实际情况出发,为学生着想,从而让家长觉得教师真的是用心关心自己的孩子。

(三)要充分尊重家长,建立平等关系

尽管在教师与家长关系中,教师起主导作用,但他们在人格上是完全平等的,不存在尊卑、高低之别。家长当中,有不少是教育或师范专业出身,也有不少家长有着丰富的教育子女的经验,当然也有很多家长教育修养较低,文化水平不高,但他们有着良好的愿望,有着教育好子女的迫切需求。因此,教师要尊重他们,特别是要尊重那些"问题"学生和"不听话"孩子家长的人格,不能因学生有错而迁怒于家长,责备甚至讽刺挖苦他们。"与人以实,虽疏必密",在平等尊重的基础上,教师的诚心、爱心是与家长沟通的前提。

(四)要多报喜,巧报忧,丰富家访内容

家访要以介绍学生的优点与进步为主。在肯定成绩的前提下,提出学生的缺点和不足之处,以帮助学生改进。特别是对问题学生,家访时首先要向家长反映的是其子女在校期间的进步和优点,爱好和特长,哪怕是微不足道的一点进步也不要放过,要把它作为与家长沟通的支点,清除家长的心理障碍,让家长看到孩子的希望。然后再实事求是地介绍在校的其他表现情况,和家长一起耐心地分析研究,商讨教育的措施和办法,必要时让学生旁听,让他谈谈自己的看法。民主和平等的作风能让学生觉得教师的可亲可敬。家访的内容不要只限于谈论学生的优点和缺点,学生的心理健康、劳动习惯、生活习惯、个人爱好、社会交往、家庭教育的探讨、学校工作、教育形势等都可以成为家访的话题。

（五）及时承认、补救自己的过错

教师或班主任在班级管理中，由于所获得的信息有限，或者由于不恰当地对一些平时"调皮捣蛋"学生的刻板印象，而发生一些错误的判断，从而引起学生和家长的误会。当这样的情况发生时，班主任一定要勇于向家长道歉，求得学生和家长的谅解。

（六）讲究语言艺术

"一人之辩，重于九鼎之宝；三寸之舌，强于百万之师"形象地说明了语言艺术的魅力。语言是沟通的桥梁，谈话双方通过语言交流思想，传播信息，表达感情，增进了解和沟通。在与家长的交往中，和家长交谈，大道理要少讲：要深入浅出，将大道理说小，把抽象的道理具体化。班主任进行家访，与家长谈话，语言技巧非常重要。幽默风趣的谈吐能吸引听者的注意，营造轻松愉快的气氛，短时间内拉近交谈者双方的心理距离，建立融洽的人际关系。委婉含蓄的话语能使双方避免尴尬，不致伤害家长的自尊。特别是面对"问题"学生的家长，对敏感的话题，不便直接说出本意，而采取同义代替、侧面表达、模糊语言等方法，含蓄曲折地表达本意，效果会更好！灵活机智的语言表达能更好地适应谈话对象和环境的变化。

（七）新入职班主任如何做好第一次家访

第一次家访是新入职班主任和家长单独见面的宝贵机会，在这次接触中，如何将自己的职业精神、专业能力展现在家长面前，赢得尊重，争取支持，显得尤为重要。第一次家访往往发生在学期即将开始之前，首先新手班主任需要充分准备，用心研究每个学生的档案，包括之前的学习经历、家庭背景等信息。在进入学生家门的时候，除了问询相关问题，也要基于自己对学生的了解阐明自己的看法。这样给家长的印象就是班主任虽然是新手，但却是一个具有专业能力且认真负责的班主任。

第三节　家庭教育个案指导

一、开展家庭教育个案指导的原则

家庭教育个案指导的重点是指导家长转变教育观念，改善教育方法，通过家长的改变带动孩子的改变，教师主动发现问题，寻求家长的自愿配合是根本特征。

（一）主动、自愿、尊重原则

1.教师要主动和家长沟通

教师要把对家长进行家庭教育指导作为一种神圣的责任，发现问题时要主动同家长联系，让家长意识到孩子的问题对其学业的影响以及对其健康成长的影响。让家长感知到教师是真正地为孩子的发展着想，是真心想帮助自己改变不良的家庭教育方式。

2.家长必须自愿

家庭教育指导需要双方合作才能实现，如果缺少家庭的配合，只是教师一厢情愿，是不会取得任何好的效果的。因此，教师一定要征求家长的意见，把指导的必要性告诉家长，与家长充分沟通,使家长理解、接受后自愿与指导教师合作。

3.教师要尊重家庭隐私

在指导家长时,要和家长建立一种互信、互帮、互尊的关系,但也要避免对其家庭生活进行干预,如果涉及家庭隐私或敏感问题,教师一定要谨慎,把握好度。

(二)同情、理解、换位思考原则

同情就是能够以一颗"父母心"去了解这些有着"各种问题"的家庭,理解他们的处境,分析孩子会出现这些问题的原因,理解家长的一言一行,并设身处地为他们着想。只有将心比心地去理解,才能打开孩子和家长的心扉,找到解决家长及学生的问题的"钥匙"。

(三)坚持到底、不放弃原则

冰冻三尺非一日之寒。孩子身上的问题的形成可能是长期由多种因素导致的,同样,个案指导很多时候需要教师的耐心、坚持。而且,在跟踪指导过程中,教师还要引导家长充分认识解决家庭教育问题的艰巨性、复杂性,一步步帮助个案家庭解决矛盾,推动家庭进步,促进家庭教育取得预期效果。

(四)教师、家长与学生处于平等地位

以往在高中阶段的学校家庭合作共育中,学生与家长、学生与教师常常处于"家长反馈情况—教师批评教育—学生接受教育"或"教师反馈情况—家长批评教育—学生接受教育"这种失衡而不对等的静态模式中。这个模式中,学生始终处于"被教育"的位置。

教师应该认识到,在家庭教育指导的过程中,教师、家长、学生三者之间是互为平等的、互相尊重的,不是教师和家长合力去"改造"学生,也不是教师去"改造"一个家庭,而是在相互尊重的基础上,找到存在的问题,共同解决。

二、进行家庭教育个案指导需要具备的素质与能力

班主任面对的是性格迥异、文化背景参差不齐的各类家长。如何和他们正确沟通,如何赢得他们的信任是每个班主任必须考虑的问题。对学生而言,亲其师信其道,对家长而言,也是如此。一个能够成功进行家庭教育指导个案的教师或班主任一定是一个满怀爱心、具有较高专业素养、亲和力,被家长所喜爱的人。

(一)目标要适切、明确,符合学生的家庭实际

家庭教育指导的目标是孩子的改变以及家长的改变。教师在最开始的时候要针对学生与家长的实际情况,提出明确的家庭教育指导目标,即对孩子哪方面有所改变、促进家长哪些转变,有清晰的目标预设。

同时,在指导过程中,教师要以发展的眼光看待家长和孩子的问题,能够根据具体情况调整自己的目标预期。

(二)制订具体、可操作的指导计划

进行个案指导,应该养成严肃认真、细致入微的良好习惯。比如,养成记指导日记和阶段记录的好习惯,把每次指导的过程记录下来;做好教育资料的收集、分类工作;保管并整理

好每一位咨询者的基本资料,以备后续跟踪调查或走访。

(三)做一个专业的指导者

扎实的理论功底。进行个案指导,扎实的理论功底是根基。要想出色地开展个案指导工作,必须扎根于教育实践,坚持不懈地学习和充实自己,让自己身上有常流不断的理论活水。

敏锐的洞察能力。做好家庭教育个案指导,指导教师的"嗅觉"一定要灵敏,要能从家长的言谈举止、字里行间捕捉到真实信息,进而揣摩其心理,了解其需求,并为其提供有效的帮助。

缜密的逻辑思维能力。逻辑思维是人对事物的思考、辨别、判断能力。对于家庭教育个案指导教师而言,缜密的逻辑思辨能力对于有效地进行个案指导工作,将会发挥很大的作用。

良好的语言表达能力。语言表达能力是家庭教育个案指导中教师的一把利器,不仅代表了指导教师的整体水平,而且会影响到指导质量。要想说服家长,打动家长,把先进的教育观念传输给家长,得到家长的认同认可,就得具有熟练的语言表达能力。

(四)成为一个充满人格魅力的温暖的指导者

一个人能否为别人所接纳,是否具有群体影响力,关键在于他的人格魅力。人格魅力也是家庭教育个案指导中教师应该具备的最重要的基础。教师要以此为目标,加强自身修养,成为一个充满人格魅力,让学生和家长觉得温暖的人。

三、改变家长:开展家庭教育个案指导的着力点

作为一个班级的班主任,几十位家长会有很多的期待和期望,希望班主任能给予孩子成长中的各种指导,和他们一起帮助、教育孩子健康成长和发展,指导、引导孩子解决可能遇到的各种问题。指导家长可以从以下几个方面着手。

(一)传递科学的家庭教育理念

很多高中生家长的家庭教育观念是不正确的,比如,不少家长认为,教育孩子是学校教师的事情,自己完全不管;有些家长只看重孩子的学习成绩,以为成绩好就一好百好,从而忽视了孩子其他方面的发展;还有些家长没有意识到孩子到了高中阶段,独立意识增强,还依然用比较"专制"的方法去严格"管控"孩子……观念决定行为,家庭教育的误区都是因为家长不正确的家庭教育观念导致的行为偏差造成的。

教师在家庭教育指导过程中要向家长传达科学的家庭教育观念,这是家庭教育指导最基本的工作。例如,让家长认识到,家长是教育孩子的第一责任人;引导家长了解自己孩子的发展特点,正确看待学习成绩,引导家长正确认识父母言行对孩子成长的重要影响,引导家长认识到成人比成功更重要等。

(二)引导家长学会换位思考

指导家长要从孩子成长的角度去思考问题,即学会换位思考。实践中经常看到以自我

为中心的家长,认为自己都是为了孩子好,孩子就应该听自己的。他们没有站在孩子的立场考虑,自己强加于孩子的这些做法是不是孩子真正需要的,换位思考会使家长在面对孩子成长中出现的问题时,能够理解孩子的心境,对孩子能够提出合理的要求,尊重孩子内心的想法,这些对于营造和谐的家庭氛围以及融洽的亲子关系都是必要的。

（三）引导家长学会欣赏自己的孩子

教师经常会遇到这样一类家长,他们经常和教师抱怨自己的孩子如何如何不好,有各种各样的毛病与问题,在家里他们也总是批评、数落孩子。在一个家庭里,如果家长对孩子只有否定没有肯定,在这样负面的氛围中成长的孩子很容易自卑、孤独、缺乏安全感,甚至容易自暴自弃。尤其是在学生面临如此巨大的高考压力的时期,家长负面的教育方式会特别打击孩子的自信。因此,教师要引导家长学会欣赏自己的孩子,从正向的一面看问题,用心发现孩子的优点,多给孩子夸奖与鼓励。

（四）引导家长学会反思自省、自我学习

一个问题孩子后面常常会有一个有问题的家庭。但在现实情况中,很多家长并没有意识到自己的问题。所以在做家庭教育指导时,要使家长学会自我反省,发现自身的问题,不断改变自己、提高自己。

教师可以在指导的过程中,通过各种方式让家长知道一位优秀的、智慧的家长是什么样的,可以指导家长制订自己的学习计划,为家长提供学习资源与学习途径,通过学习提升自身的家庭教育观念与方法。

第六章 学校家庭合作共育背景下中学生家长课程内容的开发研究

第一节 学校家庭合作共育背景下初中生家长课程内容开发的理论概述

一、学校家庭合作共育背景下初中生家长课程内容开发选择的原则

课程内容开发应关注课程内容选择的一般原理或依据准则[①]:第一,以课程目标为主要选择依据;关注初中生家长课程内容的重要性和有效性。第二,考虑到学生的兴趣需要,贴近其生活经验;体现为应关注初中生家长的实际需求。第三,考虑到社会发展的需要与未来人才需求。注重初中生家长的实际未来需求。第四,课程内容的选择要考虑课程及其内容本身的性质。初中生家长课程本质上属于成人课程,需考虑家长自身已有的经验与成年人学习特征。总体而言,将初中生家长课程内容的选择依据分为四个方面:围绕课程内容目标、注重初中生家长需求、贴近初中生家长实际、尊重初中生家长心理特点。

(一)围绕初中生家长课程内容目标

家长课程内容致力于家庭教育的指导和引领,由此应遵循家庭教育的一般规律。学校家庭合作共育背景下初中生家长课程内容的选择,应围绕初中生家长课程内容目标,包含"教育家长以及家长对子女实施教育"内容目标,具体应考虑家校沟通以及八个家长课程内容目标。同时,应考虑到家长课程目标内容的整体性,对初中生家长课程内容目标的制定,既要考虑到家长课程内容目标的实施情况,家长能力的提高程度,又要考虑到家长课程相关教材与资料手册的编写质量,并将所制定的内容目标看作是相互间的内在联系所组成的一个统一的整体,充分发挥其整合的整体功能。具体应体现在以下两个方面:一是考虑家长课程内容目标的完整性,尽可能将所涉及的目标都涵盖,将家长课程内容目标、内容分类、内容实施与内容评价等目标进行整合,确保家长课程开发过程的连贯性和流畅性。二是发挥初中生家长课程内容目标的整体性功能,将各要素有机结合,有效地提升家长的家庭教育胜任力。

(二)注重初中生家长需求

初中生家长课程内容的选择应注重家长的实际需求,家长在孩子不同的成长阶段中,会

---

① 马云鹏.课程与教学论[M].北京:中央广播电视大学出版社,2010.

遇到不同的关于教育孩子的难题,包括初中适应性问题、初中阶段学习方法等。

初中生处在基础教育中段,且正值青春期,心理、学习等问题较多。通过文献查阅,了解到在初一阶段学生家长普遍面临的问题有:家长教育意识缺乏、教育知识与能力较为薄弱、家长身份角色转化等问题,初一新生家长需要掌握初一学生与六年级学生的心理变化情况,引导孩子适应初一新生活,包括身份适应、学习适应、心理适应、人际适应等。由此,在这一问题上,家长应了解引导初一孩子适应新生活的重要性,掌握引导孩子适应初一新生活的策略与技巧,形成随时关心孩子身心发展与变化的意识。

(三)贴近初中生家长实际

全国妇联、教育部颁布的《关于全国家长学校的指导意见》指出"家长学校是以青少年的父母或监护抚养人为主要对象的成人教育场所",家长教育隶属于成人教育范畴。成人教育有着自身的特殊性,同时又存在着与普通教育相似的特点,进一步明确成人教育的特征,了解成人学习心理的一般特点、学习特点和心理发展规律,贴近初中生家长实际。家长课程内容贴近生活不仅有利于激发家长的学习兴趣,更利于家长运用所学解决实际的生活问题。主要考虑两方面因素,一是家长的个体差异,体现为家长所处的环境、家长年龄特点、受教育水平、城市学校家长与乡村学校家长的区别等。通过调研,了解到不同地区家长的差异,在制订内容目标时应考虑不同文化层次的家长的接受能力与水平;二是具体课程内容目标的制订上,每节课可能都包含三个维度目标,但受知识本身以及家长实际和学习环境所限,仅依靠一两节课难以实现所有的课程目标。由此,制订初中生家长课程内容目标时,建议可从观念的转变,到相关知识的传授,再到行动方面的目标,由浅入深,层层递进,针对较为复杂的家庭教育问题,更需要制订较为长远的计划逐步完成。

(四)尊重初中生家长的心理特点

在初中生家长课程内容的选择上,要充分考虑家长的心理发展特点、学习能力和生活经验等方面。家长的心理发展特点主要从记忆能力与思维能力分析。从智力心理发展特点来说,随着年龄的增长,机械识记的退幅大于意义识记。总的来说,成人主要记忆方式为有意义识记;在思维能力方面,成人的思维已经进入辩证逻辑思维阶段,一般而言从事脑力劳动、文化水平较高的人,思维能力相对较强。

家长的学习能力,桑代克曾在实验中发现,成人从20岁到50岁之间,通常在25岁后呈递减趋势,且每年会以1%速度递减。同时,在此所指的学习能力是指学习的效率,也就是在一定学习时间内收获的信息量。鉴于成人的学习能力与认知特征,家长可通过相关的学习和训练保持学习的能力。

家长的生活经验,"家长"这个特殊身份让家长学校不同于一般成人教育,课程内容要被家长理解和接受,课程内容必须联系家长实际,尊重家长经验,只有结合家长经验开发的课程,才能被家长所理解。同时也可利用家长丰富的生活经验作为家长课程内容的重要部分,在内容目标制订过程中,应充分考虑家长的时间安排与需求。

二、学校家庭合作共育背景下初中生家长课程内容开发的理论基础

学校家庭合作共育背景下初中生家长课程内容开发的理论基础分为两部分,一是学校

家庭合作共育相关的理论基础,思考学校家庭合作共育必然涉及家庭与学校间的教育影响重叠,由此选取了交叠影响域理论,同时家庭与学校需要相互合作,选取了协同教育理论。二是家长课程内容开发的相关理论基础,主要选取了施瓦布的实践性课程理论、"4421"家庭教育指导理论。在分析相关理论的基础上,借鉴相关内容思想分析初中生家长课程内容的开发,为初中生家长课程内容的开发提供理论依据。

(一)交叠影响域理论

"交叠影响域理论"明确了学校家庭双方在学校家庭合作中的关系和地位,强调了每一个参与学校家庭合作个体应尽的责任和义务。由此,学校家庭合作共育背景下初中生家长课程内容的开发强调家庭与学校间的合作与联系,该理论对于如何树立家庭教育观念、拓宽家校沟通渠道等具有重要借鉴意义。

1. 交叠影响域理论的基本观点

交叠影响域理论最初形成于美国,该理论是由约翰·霍普金斯大学教授所提出的,关于交叠影响域理论部分,主要从其形成背景、基本内容与观点几个部分进行论述。该理论由乔伊丝·爱普斯坦等人所提出,理论形成于20世纪70年代,美国的"有效学校运动"倡导家长积极参与到学校教育中,该运动促进了家长认识到家庭教育在子女的成长中具有重要作用。交叠影响域理论合并扩展了布朗芬布伦纳的生态理论,重在对孩子教育和健康责任的共同承担。受社会分工论理论影响,认为对孩子的教育是社会分工的,就像流水线上作业,家庭和学校各自承担不同的职责时,教育的效果最大。①

关于交叠影响域理论的基本内容与观点。爱普斯坦教授将家庭、学校和社区之间的关系作为研究重点,认为要调整三者之间的关系模式,于是提出了以"关爱"为核心,探究家庭、学校和社区三者关系的交叠影响域理论。② 具体来说,交叠影响域理论认为家庭、学校和社区在学生的发展过程中产生交互叠加的影响。在整个过程中,该理论始终将学生置于整个理论的中心,以"关爱"为核心,指出如果学生感受到了学校、家庭及社区等环境的爱与关心,那么他们就会变得更加自信,更加关注自身的学习与成长,以达到自我的成功。从场域视角出发,交叠影响域理论分为外部和内部两种模型。

(1)交叠影响域理论外部模型

交叠影响域理论外部模型论述了影响学生成长的三个主体:家庭、学校与社区间的关系。三个主体中每一个主体都有一个共同点,即三主体既有相互结合部分,也有相互分离部分,每一主体都从经验、价值观和实践三个方面对学生的成长发展产生重要影响。三者之间彼此交叠的部分,即我们平时所说的产生的教育合力。相互分离的部分即代表家庭、学校和社区各自对学生的影响。同时,该理论还指出,三主体间交叠面积的大小会随着时间的推进、学生年龄的变化和年级的改变而发生变化。总的来说,交叠影响域理论则认为,孩子成

---

① 埃米尔·涂尔干.社会分工论[M].渠东译.北京:三联书店,2013.
② 杨启光.学校教育变革中的家庭参与问题研究[M].江苏:河海大学出版社,2015.

长所依托的家庭、学校和社区都抱有相同的目标,三者对孩子的成长承担共同的责任,且对孩子的影响是相互交织的。

(2)交叠影响域理论内部模型

交叠影响域理论内部模型显示了学校、家庭和社区对孩子的影响,主要体现在人际关系和影响模式上,这两部分内容具有流动性,学生始终处于模型中心,各主体与机构交互作用的目的是促进学生的成长与健康发展。同时,交叠影响域理论内部模型也可以用于说明家长或研究者与社区间的联系。在内部模型中,交叠影响是两两交叉的共同影响力,这种内部相互交叉的影响,既存在于个体层面,也存在于机构层面。

2.交叠影响域理论与初中生家长课程内容开发

交叠影响域理论的基本观点:交叠影响域理论表明学生学习和成长的三个主要环境——家庭、学校和社区可以相互结合也可以互相分离,要重视家庭、学校等个别机构对于学生的独特影响力,同时也要注意三者交叠互相作用后的影响力。[①]"交叠影响域理论"明确了学校家庭双方在学校家庭合作共育中的关系和地位,强调了每一个参与学校家庭合作共育个体应尽的责任和义务,为研究探讨策略提供了依据,即可从教师、家长、学校领导、社会和制度资金等各个层面进行分析。同时可为研究提供理论基础,如学校家庭合作共育的认知,学校家庭合作共育的形式内容、沟通途径、成效等方面。

交叠区域的行动类型划分为六种类型,即当好家长、相互交流、志愿服务、在家学习、参与决策、与社区合作。这六种参与类型中,每种类型都包含着不同的实践内容。初中生家长课程内容应包含到以上六方面的内容,具体而言,应包括有关如何开展家庭教育的专业知识,如树立家长家庭教育观念;让家长了解家校沟通渠道,包括新时代的交流沟通方式,双方都需要熟练掌握;确保家长能参与到学校的一些学校家庭合作事务中,有一定发言权;掌握沟通技巧等。

(二)协同教育理论

协同教育理论强调了学校家庭双方在孩子的成长和成才过程中都具有不可替代的地位,家庭教育和学校教育应相互补充,共同作用,相互促进学生的健康成长与发展。在协同教育理论中,家庭教育与学校教育在学生的成长中担任了不同的职责,对于促进孩子的发展这一层面而言,双方都有责任,这为学校家庭合作共育下初中生家长课程内容的开发提供了理论依据。

1.协同教育理论的基本观点

协同论认为"系统各要素之间通过非线性相互作用而产生某种协同与竞争,从而推动系统的自组织不断演进,是协同的精髓所在"。"任何生物,都是在集体行为下,一方面彼此竞争,一方面相互协作而改变其命运的"。协同效应强调系统内部的各个要素间的联系,彼此

---

① 吴重涵,王梅雾,张俊.国际视野与本土行动家校合作的经验和行动指南[M].南昌:江西教育出版社,2012.

是相互独立又相互联系,同时各要素同一与斗争可达到一定的平衡状态,从而达到内部间的协调与合作。

协同教育是协同理论在教育领域的运用。学校教育作为学生教育的主题,家庭教育往往处于服务的地位,学校家庭双方地位失衡。协同教育理论强调了家庭和学校两者的关系是尊重和平等的,在教育孩子方面,学校家庭双方的地位应是平等的,家庭教育和学校教育两者应相互协作,共同促进学生成长。协同教育有三大子系统,分为协同家庭教育、协同学校教育和协同社会教育。这三种教育形式彼此相互独立又相互影响,相互联系。

2.协同教育理论与初中生家长课程内容开发

从协同教育的视角出发,学校和家庭是教育大系统里的重要子系统,要想达到两者高效的协调效果,必须首先建立理想的协同关系。学校家庭双方主体地位平等,理想的学校家庭合作关系是建立在学校家庭双方主体地位平等的前提下。所谓主体地位平等是指学校家庭双方在孩子的成长和成才过程中都具有不可替代的地位,二者在孩子的成长过程中担任了不同的职责,发挥着不同的使命。因此,只有相互尊重学校家庭双方主体地位的平等性,才能使学校家庭双方处于平等状态,更好地达成合作共识,发挥各自在促进孩子成长方面的优势和教育合力。

对于初中生家长课程内容开发的借鉴意义主要在于,家长课程内容开发前,学校家庭双方需保持良好的沟通关系,双方的目标具有一致性,即更好促进孩子的成长,同时双方需拥有了平等地位的对话前提,才能进行更好地沟通与互动。家长课程内容开发过程中,家长应积极配合学校进行课程内容开发,课程内容开发需要一定的依据,如从对家长的研究、家长所处环境的研究、相关心理学知识等以上几个方面分析家长学校课程内容目标的选择。在这一过程中,需要家长积极主动汇报自身情况与课程内容需求。基于此,家长课程内容开发实际效果会更加突出。家长课程内容开发过程后,家长需积极反馈课程内容效果,在反馈的基础上进行调整,如在基础内容部分,增加具有时效性的家长课程内容,更加突出课程开发的实时性。

(三)施瓦布的实践性课程理论

近年来,学术界在对教育实践与教育理论的研究中逐渐发现了实践取向的重要性。在此背景下,教育研究的路径开启了"实践中心"的新取向。①教育研究的这种实践转向也包含课程领域在内。其中比较有代表性的则是美国课程专家施瓦布。

1.施瓦布的实践性课程基本观点

正如施瓦布所言:"课程研究的经历需从追求理论,转向实践—准实践—折中的方式。"此后在研究过程中逐步形成了实践取向的课程探究模式,指导并引领着课程的研究。施瓦布的实践性课程探究模式蕴含着亚里士多德的"实践观"、进步主义哲学思想及人本主义哲

---

① 邬志辉.论教育实践的品性[J].高等教育研究,2007(6).

学思想。其基本观点主要有:一是强调课程实践的重要性,指出课程研究必须从课程实践出发,基于课程实践,面向课程实践,回到课程实践本身;二是主张课程是不断运作的"生态系统";三是课程实践倡导教师和学生的关系是一种平等关系,它不仅重视教师的主体作用,还重视学生的主体作用。

2. 施瓦布的实践性课程与初中生家长课程内容的开发

施瓦布的实践性课程观对于初中生家长课程的内容开发具有重要的理论指导意义。"施瓦布在对传统课程研究批判的基础上形成了实践取向课程探究模式,此方法引领了课程研究的方向,认为在进行课程研究的过程中需要倡导实践取向。在课程实践中,通过实践,并为了实践,是课程研究实践取向的理路。"[①]施瓦布实践性课程主张课程应在实践中进行研究,其实践模式强调开展行动研究。初中生家长课程内容的开发,由于家长本身就是实践活动的主体参与者,这样整个课程内容开发过程中,行动研究的范围必须是家庭教育真实生活情境中进行的。同时,"实践课程"理论重视教师的主体地位与学生的主体地位,从学校家庭合作共育背景下初中生家长课程内容的开发出发,家长课程内容的开发应充分重视教师、家长的双主体地位,家长有较为丰富的家庭教育实践经验,其在家长课程内容开发的过程中可以贡献自身的力量,在家长课程内容开发中应发挥家长的积极性和创造性。

(四)"4421"家庭教育指导理论

"4421"家庭教育指导理论由李洪曾所提出,其框架强调在研究中综合考虑物质环境和精神环境,同时需要结合社会大背景,整个理论框架涉及从组织者(学校)到指导者(教师)再到教育对象(家长)的家长教育。学校家庭合作共育背景下家长课程内容开发研究,其直接面对的对象为学校及教师,家长课程内容开发所涉及的内容主要集中在从组织者(学校)到指导者(教师)部分。

1. "4421"家庭教育指导理论的基本观点

李洪曾教授提出"4421"家庭教育指导理论框架。[②]"4421"理论框架作为家庭教育指导的重要理论,其框架的第一个"4"指四类对象,即"组织管理者""指导者""家长""孩子"等;第二个"4"指所包含的四个过程,即"组织管理过程""指导过程""教育过程"及"发展过程";"2"指在这一过程中产生了"物质环境"与"精神环境";"1"指对四类对象及四个过程起间接作用,对整个框架影响更为重要的"社会大背景"。由此,构成了"4+4+2+1"结构。

2. "4421"家庭教育指导理论与初中生家长课程内容的开发

根据"4421"家庭教育指导理论框架的要素构成,设置了十个内容板块,包含指导者板块、管理者板块、家教管理板块、家教指导板块、家庭教育板块、家长板块、孩子板块、孩子发展板块、环境板块和社会背景板块。结合学校家庭合作共育背景下家长课程内容开发,借鉴了孩子发展板块及家庭教育板块相关内容作为相关依据。关于孩子发展板块,主要从孩子

---

① 郭文良,和学新.课程研究的实践取向及其路径选择[J].全球教育展望,2015(9).
② 李洪曾.家庭教育研究的理论框架与课题群的设计[J].上海教育科研,1997(9).

身心发展过程中存在的问题出发,研究家庭中如何培养孩子的某一种品质和如何指导家庭对孩子这一品质进行培养。结合初中生家长课程内容,则需结合初中生年龄特点进行选择,如涉及中学阶段学生异性交友、家长态度与家庭教育指导问题。家庭教育板块,主要从家庭教育过程中存在的问题出发,家长应该怎样教育子女才能获得理想的效果,亲子间如何沟通、理解和尊重等内容。学校家庭合作共育背景下家长课程内容开发应结合"4421"家庭教育指导理论框架结构,借鉴孩子发展板块及家庭教育板块相关内容作为相关依据。

第二节 学校家庭合作共育背景下初中生家长课程内容体系的开发

一、初中生家长课程内容目标的开发

学校家庭合作共育背景下初中生家长课程内容体系的整体考量主要是为家长课程内容体系的构建提供依据,主要包含学校家庭合作共育背景下初中生家长课程内容开发目标的确定、学校家庭合作共育背景下初中生家长课程内容选择的原则等。

(一)初中生家长课程内容目标的依据

"课程内容目标作为课程内容选择、实施和评价的起点和归宿,是整个校本课程编制的起点。"①初中生家长课程内容目标的确定是课程内容开发的重要依据,由此,初中生家长课程内容开发的目标应包含以下几方面,即学校家庭合作共育背景下初中生家长课程内容目标的依据、学校家庭合作共育背景下初中生家长课程内容目标确定的原则、学校家庭合作共育背景下初中生家长课程内容目标具体的维度划分。泰勒指出教育目标的来源应包含:"一是对学习者本身的研究、二是对当代校外生活的研究、三是学科专家对目标的建议。"同时,在目标选择与确定过程中,他认为应该"选择一定数量的,既能在可利用的时间内以相当高的程度实际达到的,又确实重要的目标"。由此,应考虑利用哲学选择目标、利用学习心理选择目标。基于泰勒关于影响目标选择因素的论述,学校家庭合作共育背景下初中生家长课程内容目标选择的依据,我们可从对家长的研究、家长所处环境的研究、当前已有的初中生家长学校课程内容目标的分析等以上几个方面进行分析。

1. 对初中生家长的研究

从泰勒"对学习者本身的研究"角度出发,初中生家长课程内容目标的首要依据应是对"初中生家长本身"的研究,其实质是了解初中生家长的需求。需求即指某种哲学价值标准,与实际情况之间的差距,蕴含着"实然"与"应然"间的差距。由此,对初中生家长课程内容需求的分析主要包含两部分内容,一是了解初中生家长所接受的家长课程的现状,即了解"实然";二是将这种状况与公认的初中生家长应接受到的家长课程作比较,找出与"应然"间的差距。同时,进步主义教育理论认为,学习者自身的兴趣是教育目标的首要基础,根据该观

---

① 邵晓霞.多元文化教育课程的理论与实践研究[M].北京:中国社会科学出版社,2015.

点,对初中生家长的研究还应关注家长兴趣及自身特点。

确定对初中生家长的研究内容后,应展开调研以了解"实然"现状,第一个信息来源是调查,主要以问卷调查为主,第二个信息来源是对初中生家长进行访谈。通过问卷调查、访谈等了解初中生家长对学校安排的家长课程内容的满意度及需要,其中,对家长课程内容的需求包括家长关心的家庭教育问题、家庭教育理论知识与家庭教育技能等方面。初中生家长关心的家庭教育问题包括孩子的人身安全、孩子的学习和智力发展、如何养成或改正孩子的行为习惯、孩子的身体健康、如何培养孩子的兴趣爱好或特长、如何培养孩子的道德品质、如何与孩子沟通、孩子的心理状况、孩子的社会交往、相关教育政策法规等方面。初中生家长家庭教育理论知识,如孩子心理发展规律、孩子身体发育规律、教育法律、安全知识等。初中生家长家庭教育技能,如指导学习的技巧、管教孩子的技巧、培养品德的技巧、与孩子沟通的技巧、培养爱好特长的技巧等方面。同时,针对初一的学生家长,还应考虑到新生适应问题,包括在学业上的适应、环境适应、人际关系的适应,如孩子与同伴的关系、与教师的沟通、学业科目增多等。

2. 对初中生家长所处生活环境的研究

对初中生家长所处生活环境的研究应包含个体生活环境与社会环境,具体而言主要包括家庭环境和社会环境两方面。家庭环境分为物质环境和非物质环境,两者都会直接或间接地影响到课程内容目标的制定。家庭物质环境包括家庭经济情况、父母职业、收入水平等,家庭非物质环境包括家庭氛围、家庭亲子关系、家风等。这一部分的调查主要以问卷调查为主、访谈为辅。相关研究表明,"受教育程度高的家长普遍具有较高的教育抱负,而教育程度低的家长的教育抱负则相对低一些",同时"家庭的经济收入状况与父母对子女的教育期望程度呈正相关。"[1]家长受教育程度、职业、经济收入等都会影响到家长课程内容目标的确定。由此,对初中生家长所处生活环境的调查主要包含以下部分的调查,即家长受教育程度、职业、家庭结构、每月的家庭收入等。

关于社会环境,主要包含政治环境、法治环境、经济环境、文化环境、科技环境,家庭所处地等都会产生一定影响。在对家长实际生活的研究上,发现在部分地区尤其是乡村学校,孩子父母外出务工的现象较多,甚至有部分孩子是孤残孩子,监护人为年迈的祖父母。由此在初中生家长确定内容目标时应考虑人群的年龄特点、学生家长的接受水平、家长的实际需求等。

3. 当前已有的初中生家长学校课程内容目标的分析

从理论层面上看,学者将家长教育课程的目标分为三种,一是以子女发展为目标的家长教育。如学者王连生认为家长教育的目标就是促成孩子"四好"发展:好子弟、好学生、好公民、好人类。二是以家庭教育发展为目标的家长教育。如吴奇程指出家长教育是一种教育活动,主旨是为了家庭的教育发展,提高家庭的教育水平。三是以成为有效能父母为目标的

---

[1] 徐水晶,周东洋.教育作为阶层代际传递的中介作用研究[J].社会科学,2017(9).

家长教育。如王德样，主要观点是教导父母如何了解和满足子女身心发展需求，善尽父母职责，以有效协助子女成长与发展，使之潜能充分开展的历程。① 从实践层面看，学校的家长课程目的旨在"帮助和引导家长树立正确的家庭教育思想和观念，掌握家庭教育的科学知识和方法。"②

当前，从价值取向上看，学者对家长学校课程内容目标分析主要存在两种价值取向：一种是学生本位的价值取向，这里的"学生"指的是家长，持家长本位价值取向观点的学者认为课程内容目标在于帮助家长获取家庭教育知识、更新家庭教育观念、发展教育能力、改进教育行为。另一种是社会本位的价值取向，他们认为家长学校的教育目标在于促进学校家庭合作共育，从学校家庭合作共育的角度出发，认为促进家庭教育和学校教育的一致性，形成合力从而促进学生发展。

（二）初中生家长课程内容目标的确定及维度划分

分析课程目标的来源，即对家长的研究、家长所处环境的研究、当前已有的家长课程进行分析。同时通过现状调查，了解初中生家长对家长课程内容的需求，即家庭教育理念、家庭教育理论知识、家庭教育技能等。由此，基于理论的梳理与现实的需求，确定学校家庭合作共育背景下初中生家长课程内容目标，并进行具体维度划分。

1. 初中生家长课程内容目标的确定

"内容选择需依照目标，既有什么目标，便有什么内容，课程目标是课程内容选择的主导价值取向。"③ 家长课程内容目标可参考学术界关于家庭教育目标的研究作为制定依据。家长课程从本质上是对家长进行教育，李洪曾指出对家长进行家庭教育指导的主要目的是："提高家长的教育素质、在提高教育素质的基础上，改善家长的教育行为、通过提高家庭教育的质量，促进孩子健康成长，包括身体的发育和心理的发展。"（详见表2）

表2 家长家庭教育目标

名称	总体目标	目标具体内容
家长家庭教育目标	提高家长的教育素质	转变家长的教育观念，形成对子女正确的教养态度，培养家长教育子女的能力
	改善家长的教育行为	为子女创设良好的家庭环境、正确对待子女的行为表现、对子女实施适当的主动教育
	促进孩子健康成长	身体的发育和心理的发展

家长教育的总体目标是提高家长教育胜任力。通过对"当前已有的初中生家长学校课程内容目标的分析"，了解到家长课程内容的目标主要涵盖：教育孩子的知识与技能、管教子女的知识与技能、改善亲子关系的知识与技能；树立正确的家庭教育态度、生活态度和价值观念；提高自身素养的知识、技能；组织家庭生活的科学知识和技能等。

---

① 陈清梅.煲汤式家长发展的课程开发研究[D].杭州：杭州师范大学，2016.
② 何海燕.小学家长学校课程设计研究[D].武汉：华中科技大学，2011.
③ 杨兆山，姚俊.教育学原理[M].大连：辽宁师范大学出版社，2003.

2. 初中生家长课程内容目标的维度划分

家长教育内容应包含为"教育家长以及家长对子女实施教育"[①]两个维度。由此,初中生家长课程内容目标的制定也应包含这两部分内容。学校家庭合作共育背景下初中生家长课程内容目标维度划分,一是"教育家长"的课程内容目标,结合"学校家庭合作共育背景","教育家长"的课程内容目标主要强调的是家长与学校合作的相关技能与技巧,二是"家长对子女实施教育"的课程内容目标,即可分为以下几个课程内容目标。

经过分析家长课程目标的来源并对其进行整合,确定学校家庭合作共育背景下初中生家长课程内容目标如下:

一是掌握学生身心发育规律和特征,能够运用学生身体发育、心理发育的规律和特征促进学生成长和健康。

二是掌握学生学习基本特点,能够对孩子进行学习指导,促进孩子学习。

三是掌握媒体网络技能,能够运用网络媒介促进学生身心健康成长,提升学生网络信息素养。

四是掌握职业生涯规划知识,能够对孩子进行初步职业生涯规划指导。

五是掌握亲子沟通的技巧,能够运用沟通技巧与孩子进行有效沟通,能够运用沟通技巧建立亲密的亲子关系与和谐的家庭关系。

六是积极主动了解班级、学校和学生的在校情况,积极配合学校工作,主动参加学校活动,主动给学校提出合理有效的建议。

二、初中生家长课程内容模块开发

家长课程内容强调家长教育子女的基本领域,即家长从哪些方面指导或促进子女的发展。结合已经确定的学校家庭合作共育背景下初中生家长课程内容目标,参考已有《中华人民共和国家庭教育促进法》《全国家庭教育指导大纲(修订)》等及初中生家长家庭教育内容模块,划分学校家庭合作共育背景下初中生家长课程内容开发模块。

(一)初中生家长课程内容开发模块

首先,相关政策与大纲的梳理有利于为家长课程内容模块的划分提供政策依据与理论支撑。2021年10月23日通过的《中华人民共和国家庭教育促进法》强调父母或者其他监护人应对孩子实施道德品质、身体素质、生活技能、文化修养、行为习惯等方面的培育、引导和影响。《全国家庭教育指导大纲(修订)》强调家长是家庭教育的责任主体,家长在家庭教育中负有主体责任,要学习家庭教育知识,掌握家庭教育理念和方法,提升科学实施家庭教育的能力,并将13~15岁孩子家庭教育指导内容要点划分为五个维度,分别是性别教育、伦理道德教育、信息素养教育、学习指导教育、亲子沟通教育。

其次,在实践层面,家长问卷调查时发现多数家长更加注重于对孩子的学习指导和智力训练,相对而言在孩子人格、情感、爱好等方面的关注较少。通过问卷与访谈了解到参加家

[①] 洪明.什么是家长教育?——家长教育的内涵辨析[J].教育科学研究,2017(9).

长课程培训后得到提升的方面,根据排序分别为教育方法(能力)、教育知识、教育观念与亲子关系。同时,关于家长关心的主要问题,根据排序分别为孩子的人身安全、孩子的学习和智力发展、孩子的身体健康、如何培养孩子的兴趣爱好或特长、如何培养孩子的道德品质、如何与孩子沟通、孩子的心理状况、如何养成或改正孩子的行为习惯、孩子的社会交往、相关教育政策法规等。结合初中生特点,将其整合为初中生学习指导、初中生青春期教育(安全教育)、初中生与父母沟通、初中生社会交往等内容。

由此,结合家长课程内容模块的划分提供政策依据、理论支撑及实践需求,将学校家庭合作共育背景下初中生家长课程内容划分为两个模块,即提升初中生家长教育能力的课程内容模块:学习指导、青春期教育、媒介素养指导、职业生涯指导、亲子沟通;提升初中生家长的学校家庭合作能力的课程内容模块:家校沟通。因此,学校家庭合作共育背景下初中生家长课程内容的开发应包括两大模块、六大课程,具体内容见表3。提高家长育儿能力类的课程内容应包括孩子发展知识、家庭育儿观念和育儿方法三部分。① 由此,每个维度都是根据初中生的年龄发展特点并贯穿于家长家庭教育知识、能力、理念的提升而设计的。

表3 学校家庭合作共育背景下初中生家长课程内容模块表

课程模块	课程内容	具体内容
提升初中生家长教育能力的课程内容	学习指导	理念:为什么要帮助孩子树立学习目标?如何正确看待中学生考试成绩。 知识:初中生学习特点有哪些?家长应具备的学习指导知识? 技能:如何帮助孩子树立学习目标?如何帮助孩子学习习惯的养成?如何引导孩子快速适应初一新生活?家长该怎么做孩子的学习伙伴?
	青春期教育	理念:青春期教育的重要性;了解初中生的逆反心理。 知识:青春期初中生心理、生理的变化。 技能:如何指导青春期孩子正确与异性交友?家长如何开启对初中生的教育?初中生进入青春期,谈恋爱了怎么办?
	信息素养指导	理念:青少年信息素养的重要性。 知识:中学生爱玩网络游戏的原因分析;家长应该掌握哪些信息技能。 技能:孩子沉迷网络家长该怎么办?怎样教孩子学会文明上网?家长如何帮助孩子摆脱"手机控"?
	职业生涯指导	理念:青少年职业选择与规划的重要性。 知识:梳理正确的职业观与价值观。 技能:如何协助孩子合理规划未来;学会运用职业生涯规划理论指导引导孩子正确认识自己。
	亲子沟通	理念:亲子沟通对于青少年发展的重要性。 知识:青少年心理变化分析。 技能:家长如何进行有效的亲子沟通?家长如何做到换位思考?如何营造良好的家庭氛围?特殊家庭沟通技巧。
提升初中生家长的学校家庭合作能力的课程内容	家校沟通	理念:学校家庭合作沟通对孩子身心发展的重要影响。 知识:了解家长与教师良好合作的基本条件。 技能:做一个与教师良好沟通的家长;学习与教师沟通合作的理论知识与技巧;如何主动与教师沟通孩子情况?

---

① 林春腾.区域家长教育课程建设的思考[J].中国教育学刊,2021(4).

(二)初中生家长课程具体内容开发

学校家庭合作共育背景下初中生家长课程内容开发旨在提升家长家庭教育胜任力,最终促进学生发展。结合实践调研初中生家长对家长课程的需求、了解家长课程理论知识。通过实践的需求与理论的指导,尝试性开发学校家庭合作共育背景下初中生家长课程内容体系,这个体系包括学习指导课程内容开发、青春期教育指导课程内容开发、初中生媒介素养指导课程内容开发、职业生涯指导课程内容开发、亲子沟通课程内容开发、家校沟通课程内容开发。

初中阶段分为初一、初二与初三,由于每个年级学生面临的主要矛盾不同,由此,本部分的课程内容开发主要针对初一学生家长。从年级特点来看,初一学生从小学进入到中学,学生面临着新的环境、教师、同学,对于"新"的适应速度将会对初一学生产生很大的影响。在心理发展上,初一学生在心理层面与生理层面会产生巨大的变化,一项心理学研究结果表明"大部分初一学生心理素质在初一上学期处于中等水平,然后缓慢降低,而少部分初一学生心理素质初一上学期处于较高水平,然后逐渐升高。"[①]因此,家长通过以下家长课程内容的开发提升自我家庭胜任力,促进初一学生健康成长。

1.学习指导课程内容开发

"家长参与学校教学与管理,促进子女的技能发展、潜能开发以及动机激发,对子女从学前到高中毕业期间的学习成绩产生了积极的影响。"[②]同时,相关研究表明,初中生家长学习参与频率与子女学业成绩之间呈现"倒U型"关系。"[③]由此,家长应该适度地参与到孩子学习指导中,促进孩子学习成长。

(1)学习指导课程内容开发的重要性

初中阶段是学生升学、分流的关键时期,面临的最突出难题是中学生学习的不适应、极度紧张,再加上家长过度关心孩子的学习成绩,而疏于关注孩子的品德、情感和心理等方面,从而导致初中生学习状态不佳、情绪低落等负面影响。由此,一方面家长要充分认识到家长参与对子女学业成绩具有重要影响,要树立积极的家长参与意识;另一方面,初中生家长需要注意,家长参与频率并非越多越好,要努力找到适合子女发展的、适度的学习参与频率节点。总体而言,初中生家长重视孩子学习,但应当控制参与孩子学习的频率,以便达到最佳效果。

(2)学习指导课程的具体内容

2020年11月出版的《家庭教育指导手册》家长卷(初中篇)(以下简称手册)中指出"对于初中生面临的学习问题,家长的主要任务是:帮助孩子树立正确的学习目标,将学习的外在动力转化为内在动力;培养孩子勤奋学习、持续学习的意志力;重视孩子学习方法和学习习

---

① 潘彦谷,张大均,李知洋.亲子和同伴依恋对初中生心理素质发展的影响:个人中心分析视角[J].心理发展与教育,2021,37(4).

② 张旺.经合组织成员国"家长参与教育"概况及启示[J].外国中小学教育,2001(1).

③ 李佳哲,胡咏梅.家长学习参与和中小学生学业成绩的关系研究——基于亲子关系和学习自信心的有中介的调节模型分析[J].华东师范大学学报(教育科学版),2021,39(7).

惯的养成,帮助孩子提高制订合理的学习计划的能力;指导孩子正确应对学习压力,克服考试焦虑,在孩子考试受挫时鼓励孩子。"[1]结合《手册》中初中生家长对孩子学习指导的任务要求,将本研究中学习指导课程内容划分为以下几个部分:帮助孩子树立学习目标、重视学习习惯的养成、掌握应对学习压力的方法、培养学习兴趣。

家长应该注意以下几点,一是明确初中生在学习过程中的主体地位。心理学上建构主义学习理论认为,学习者在接受知识的同时,还需要生动建构对这些知识的理解。只有经过这一生成过程,已有的知识才能在其后来的学习中发挥应有的作用。二是教会孩子养成良好学习习惯的策略,包括元认知策略、知识迁移理论等。三是在培养孩子养成阅读习惯时,要注重精读和略读。所谓精读是指在一定时间段中只读一本书,并理解书中内容,如一个月只读一本书,并读五遍或更多;而略读是指对书中内容有大致了解,如一个月读十本,每本书读一遍。同时,家长应注意到不同的书籍适合不同的阅读策略,在选择书籍时应结合初中生身心特点与兴趣爱好。

2.初中生媒介素养指导课程内容开发

"媒介素养是指人们面对媒介的各种讯息的选择能力、理解能力、质疑能力、评估能力、思辨性应变能力,以及创造和制作媒介信息的能力。"[2]随着科学技术的飞速发展,通过网络进行的教育教学越来越多,在线课程成为校内外教育教学的重要方式。同时,通过网络开展的社会交往也越来越多,如网络消费、网络交友等。初中生家长应关注学生媒介素养的指导,提升初中生学生媒介素养,促进初中生健康上网。

(1)初中生媒介素养指导课程内容开发的重要性

媒介素养是信息全球化时代人们必须具备的一种基本能力,同样,初中生也应具备较强的媒介素养综合能力才能为以后的发展奠定坚实的基础。提高初中生媒介素养,促进正确人生观、价值观的形成。当前,面对纷繁复杂的网络信息,提高初中学生对网络信息的甄别和筛选能力,培养媒介素养显得尤为重要。[3]

(2)初中生媒介素养指导课程的具体内容

结合《手册》要求,将初中生媒介素养指导课程内容分为几个模块,即孩子沉迷网络家长该怎么办?怎样教孩子学会文明上网?关注孩子网聊等。结合实践调查,了解到家长对孩子沉迷手机现象表现困惑,不知如何引导孩子正确上网。家长是防治中学生沉迷网络的重要一环。由此,该部分内容主要以"孩子沉迷网络家长该怎么办"为主。

首先,让家长引导孩子认识到网络成瘾的危害,即学习成绩下降、人际交往混乱、身体健康受损、心理健康受损、社会危害巨大。作为家长理应帮助孩子树立正确的信息意识,初中生已经具备一定的信息识别能力,但是面对纷繁复杂的信息还是很难辨别信息的真实度和

---

[1] 中国教育学会组织编写.家庭教育指导手册.家长卷.初中篇.[M].北京:人民教育出版社,2020.
[2] 张开.媒介素养概论[M].北京:中国传媒大学出版社,2006.
[3] 陈为,王婷婷.网红现象对初中学生价值观的影响研究——以昆明市初中学生为例[J].思想政治课教学,2021(2).

可信度。

其次,家长要以身作则,理性地节制自己的上网行为。尤其是当孩子在学习或是写作业时,要有意识地放下手机、离开电脑,在行动上也要防止自己过于沉迷手机与电脑。家长在使用手机网络时,尽可能将其作为提升自我能力的工具,为孩子树立学习的榜样,产生潜移默化的影响。

再次,家长要有意识培养孩子多方面的兴趣爱好。注意培养和引导孩子多方面的兴趣,特别是阅读和运动兴趣。阅读可以丰富孩子的知识面,让孩子感受不一样的世界。运动可以促进孩子身心健康,通过一起运动有利于培养孩子社交能力,并有助于注意力的转移。由此,当孩子的课余时间和家庭生活丰富多彩时,孩子才不会沉迷于网络游戏。

最后,除了信息意识和信息知识以外,家长还要让孩子掌握相关的信息技能,可以让孩子阅读相关书籍掌握具体方法进而提高信息技能。在信息意识、信息知识和信息技能三者统一的前提下,初中生能够快速查找到有效信息。面对初中生网络成瘾问题日渐严重,家长要与学校紧密合作,主动引导孩子分辨网络信息优劣,正确使用网络,学会自我尊重、自我发展,帮助其学会自律,共同制定家庭网络信息公约,相互监督。

3.亲子沟通课程内容开发

亲子沟通,即父母与子女之间信息交流的过程。青春期孩子呈现的行为问题大多是亲子之间沟通不畅所致,沟通的关键是家庭关系和父母教育理念提升,陪伴、鼓励是达成有效沟通的便捷之道。[①] 实践表明,越是沟通存在困难的父母和子女,他们之间的关系越疏远、矛盾越多,反之则相处融洽。初中阶段的孩子遇到问题往往倾向于和同学、朋友交流,而和家长的交流趋向减少,因而常会产生代沟问题。因此,亲子沟通课程内容是家长课程中的重要组成部分。

(1)亲子沟通课程内容开发的重要性

亲子沟通课程内容开发对于初中生的发展具有重要意义,主要体现在以下方面:一是影响初中生的健康成长,"亲子沟通的质量会直接影响孩子的健康成长。如良好的亲子沟通与青少年的自尊、同一性发展以及道德推理能力的发展都密切相关;"[②]二是现在初中生与同伴的关系上,"亲子沟通对青少年的同伴关系有显著影响、与青少年的行为问题密切相关;"[③]三则是体现在影响初中生的心理健康与学业成绩,"高质量的亲子沟通有利于青少年的心理健康发展与学业成绩的提高;"[④]同时,亲子沟通质量高的青少年,其自尊心较强。由此,开发亲子沟通课程内容,改善沟通方式,倾听孩子的心声,学会换位思考,加深亲子之间相互理解的同时提高沟通能力,多采用积极暗示和正向引导,从而建立良好的亲子关系。

---

① 焦晓骏等编著.初中班主任的10堂家长课:帮父母解决关键问题[M].上海:华东师范大学出版社,2020.
② 吴常红.家校共育背景下初中生家长课程内容开发研究[D].贵阳:贵州师范大学,2022.
③ 王争艳.亲子沟通对青少年社会适应的影响:兼及普通学校和工读学校的比较[J].心理科学,2004,27(5).
④ 雷雳.初中生的亲子沟通及其与家庭环境系统和社会适应关系的研究[J].应用心理学,2002,8(1).

(2)亲子沟通课程的具体内容

亲子沟通课程的具体内容主要关注的是孩子在家庭中与家长的沟通、家庭氛围的构建等。其中,家庭氛围也包括亲子沟通与家长自身的沟通。结合《手册》要求,将亲子沟通课程的具体内容分为:家长如何进行有效的亲子沟通?家长如何做到换位思考?如何营造良好的家庭氛围?特殊家庭沟通技巧等。

①家长如何进行有效的亲子沟通?随着孩子独立性发展、成人感出现,由此亲子沟通应注重家长与孩子保持独立的、平等的关系。同时,尊重和管教并不矛盾,初中生家长可以从协商建立规则做起,对孩子进行教育,施以正面管教,在尊重和理解的前提下,父母需要引导孩子建立规则。

②如何营造良好的家庭氛围?家庭氛围是在关系的建构中形成的,夫妻关系和亲子关系决定着家庭的整体氛围。系统发展理论指出,个体与环境互惠互利才能有效促进青少年的积极发展。① 和谐的夫妻关系和良好的亲子关系是良好家庭氛围的基础。良好的夫妻关系有益于温馨和谐的家庭氛围的营造,而家庭氛围是培养孩子积极心理品质和良好行为的重要因素。具体而言,父母之间和谐的婚姻关系是营造良好家庭氛围的重要前提。父母是孩子学习的榜样,良好的婚姻关系会潜移默化地影响着孩子性格和习惯的养成。② 由此,家庭氛围的营造,家庭成员间应能够融洽相处、互相关心和帮助。家庭氛围指家庭成员之间的一种精神环境。营造良好的家庭氛围应从几点出发:一是在观念上,要充分重视夫妻关系,良好的夫妻关系能带来良好的家庭氛围,有利于孩子的健康成长。由此,不要因为子女而忽视夫妻之间的关系,父母也不要把关注点全部放在子女身上。二是进行有效沟通。沟通能让夫妻更加理解对方,减少和避免冲突,保持一致的观念和态度,构建和睦的家庭氛围。三是家庭和睦对孩子成长有着至关重要的影响,这样的家庭会让孩子觉得温暖,有利于孩子在学校、社会上人际关系的形成,也有利于培养孩子积极向上的良好心态。四是家长应控制好情绪,个别家长性情急躁,生活和工作中的不如意往往会形成急躁的负面情绪,家长的情绪如果通过不恰当的语言和动作在家人面前表现出来,不仅造成家庭氛围紧张,也会严重影响孩子的学习和情绪。

4.家校沟通课程内容开发

"家校沟通指家庭成员和教师两者之间关于学生的教育问题而发生联系,两者在某些沟通载体下,彼此互换思想、观念、计划等内容,为学生的发展创造更加和谐的环境和更有利的条件的活动。"③根据交叠内部影响域理论,学生始终处于模型中心,所有机构层面之间的交互作用最终目的均指向学生一方,即都是为了促进学生的健康发展与成长。"在教育活动

---

① 吴常红.家校共育背景下初中生家长课程内容开发研究[D].贵阳:贵州师范大学,2022.
② 张林,赵凯莉,朱婷婷,张向葵.家庭环境影响青少年发展的模式与对策[J].宁波大学学报(教育科学版),2021,43(2).
③ 马忠虎.基础教育新概念家校合作[M].北京:教育科学出版社,1999.

中,家庭和学校相互支持、共同努力,使学校能在教育学生方面得到更多的来自家庭方面的支持,使家长能在教育子女方面得到更多的来自学校的指导。"①

(1)家校沟通课程内容开发的重要性

家长对学校教育的满意度研究表明,"家校沟通障碍是影响初中阶段学校家庭合作共育的重要因素。"②建立良好的"家校沟通"关系,不仅有利于家庭与学校形成教育合力,而且有利于促进学校各项工作的开展,家校沟通是基础教育改革的一部分。由此,家校沟通作为学校家庭合作共育的重要手段,学校一方面应积极与家长进行沟通,另一方面应提升家校沟通意识,树立家校沟通理念,制订家校沟通计划等。

(2)家校沟通课程的具体内容

家校沟通课程内容分为两个方面,一是家长未充分认识到家校沟通的重要性,这类课程强调应从观念上更新家长观念,引导家长对家校沟通有正确认识和理解,帮助家长"明确在学校家庭合作共育中自身的职责"。二是家长在理念上重视家校沟通与合作,但由于自身家校沟通知识的匮乏,不知如何参与沟通,希望能在家校沟通技能与技巧上得到支持。由此,家校沟通课程分为观念提升类的课程内容与沟通技能提升类的课程内容。

①观念提升类的家校沟通课程。引导家长树立平等的沟通观念。家校沟通中教师和家长应该是一种伙伴关系,肩负着帮助学生完成全面发展的伟大责任。在这种关系下,教师和家长既需要积极沟通、平等参与,又需要彼此尊重。要引导家长在面临问题时应相互尊重、平等协商,双方在相互尊重、理解、地位平等的基础上完成家校沟通,要积极支持教师的工作,方能达到学校家庭合作共育的效果。因此,明确家长在孩子生活中的责任和作用,学会如何互相协商、互相合作,才有助于学校家庭双方的沟通。

②沟通技能提升类的家校沟通课程。家校沟通的目的就是要让家庭更多地参与到教育活动中。从家长方面出发,应关注家长沟通技巧的提升。例如,做一个与教师良好沟通的家长;学习与教师沟通合作的理论知识与技巧;如何主动与教师沟通孩子情况。就初一学生而言,从小学到初中,学生面临的"第一关"是如何适应初一新生活的问题,在这一阶段,通过调研了解到初一新生家长教育程度参差不齐,该阶段学生家长普遍面临的问题有:教育知识与能力较为薄弱、家长身份角色转化等问题,初一新生家长需要掌握初一学生与六年级学生的心理变化情况,引导孩子适应初一新生活,包括身份适应、学习适应、心理适应、人际适应等。在这一阶段,为家长指出具体的分条措施,以增强其操作性。

首先,应善于选择和创设多渠道沟通途径。在信息时代背景下,我们可以采用多种沟通途径,如班级群、电话、微信、QQ、面对面交流、家委会、学校公众号、班级管理软件等。其次,应充分拓宽家长与教师沟通的广度,丰富家校沟通内容。在实践调研中发现,家长与学校沟

---

① 周宗伟.高贵与卑贱的距离——学校文化的社会学研究[M].南京:南京师范大学出版社,2006.
② 蔡金花,曾文婕.家长视角下初中生学习生活质量研究——基于深圳市初中生家长的调查[J].教育科学研究,2018(7).

通与交流时,更多的是关注学生的学习成绩,而学校需要培养的是德、智、体、美、劳各方面全面发展的学生,因此,家长与学校沟通的内容不应局限于学习成绩,更多应注重学生的全面发展、在校整体表现。再次,应善于运用成功案例,助力沟通实践。在进行家校沟通课程内容开发时,应注重实践案例的运用,选取具有代表性的案例,联系家长生活实际,增强实践操作性。

三、初中生家长课程内容组织的开发

课程组织的目的是"有效的实现课程目标"[①],从这一意义上出发,课程内容组织的目的在于有效地实现课程内容目标。具体来说,课程内容的组织是指对课程内容中各要素进行排列,其目的在于通过对课程内容要素的合理、有效的安排,为学生构建一个科学、合理的课程体系。[②] 学校家庭合作共育背景下初中生家长课程内容进行模块划分后,为使初中生家长课程内容能够有效实施,切实有效提升家长家庭教育胜任力,则需要对家长课程内容组织开发,由此,应该遵循一定的家长课程内容开发原则,并进行初中生家长课程内容结构组织。

(一)初中生家长课程内容组织的原则

泰勒曾提出课程内容编排和组织的三条逻辑规则:连续性、顺序性、整合性。初中生家长课程内容的组织与编排理应遵循以上原则,并在此基础上,结合学校家庭合作共育背景下初中生家长课程内容的特点进行一定程度的调整。

1. 连续性

连续性主要指把已经选出的课程内容要素按照一定的顺序进行组织,如直线式组织,目的在于使学习者能够在不同学习阶段能够有机会反复地、连续地学习,使其不断地予以"重提",避免遗忘。学校家庭合作共育背景下初中生家长课程内容的连续性原则,主要强调家长课程内容的组织应按照一定的顺序进行排序。同时,家长教育具有成人教育的特征,如成人教育的连续性,主要强调受教育者为适应变化而接受教育的不间断性,从这一角度出发,与家长课程内容组织的连续性具有一定的契合性。家长课程内容组织的连续性原则要求在进行课程内容组织排序时,应将提高家长的教育素质、改善家长的教育行为与促进孩子健康成长作为其目标,并在整个过程中,时刻注重转变家长的教育观念,形成对子女正确的教养态度,培养家长教育子女的能力。在初一、初二以及初三各阶段,所安排的家长课程内容应具有连续性,同一主题的内容应反复出现,反复出现并不是指出现内容完全相同的课程,而是指主题根据学生年级的不同,增加难度,但始终保持着这一主题的出现,以保证家长可以反复地、持续地学习该内容。

2. 顺序性

课程内容组织的顺序性与连续性具有一定的相似之处,但又在一定程度上超越连续性。

---

① 张华.课程与教学论[M].上海:上海教育出版社,2000.
② 杜志强,董方.谈全日制教育硕士课程内容的选择与组织[J].教育探索,2012(2).

课程内容组织的连续性强调对同一主题的学习，并使其更加深入。课程内容组织的顺序性关注的则是不同主题间的关系，强调每一后续的课程内容应建立在已经学习的课程内容的基础上，对课程内容要素的组织进行排序处理。学校家庭合作共育背景下初中生家长课程内容组织的顺序性主要强调各主题内部间的排序，如学习指导、青春期教育、媒介素养指导、职业生涯指导、亲子沟通与家校沟通，每一主题都分为理念、知识与技能。家长课程内容要达到一定的效果，需要激发初中生家长的自我发展内动力，首先应改变家长的教育观念，观念影响行动，由此，按照一般组织排序来说，应先安排理念类提升课程，从观念上引导家长认识到各主题内容的重要性。其次，应为家长提供相关的知识内容，丰富并不断完善家长应具备的家庭教育知识储备。最后，学校家庭合作共育背景下初中生家长课程内容最为重要的一步是为家长提供技能上的培训，从实践技能上提高家长的家庭教育胜任力。

3. 整合性

整合性强调课程内容各要素间进行组织时应关注横向的联系或水平的组织，同时，关注课程内容间各要素间的联系，强调课程内容间的整体性，从而克服课程内容间分割的状态，增强课程内容间的应用性。学校家庭合作共育背景下初中生家长课程内容组织的整合性关注的是将提升家长家庭教育胜任力与家校沟通相结合，主要体现在各主题间应指向同一目标，如学习指导、青春期教育、媒介素养指导、职业生涯指导、亲子沟通与家校沟通，各主题都分为理念提升、知识提升与技能提升几部分内容，在进行家长课程内容组织时，应关注两方面内容：一方面，关注各主题间的相互联系与整合，在必要条件下可将主题结合起来。如关于沟通方面，可将亲子沟通与家校沟通有效整合，整合为以"沟通"主题的家长课程内容。首先可阐释沟通的重要性；其次，在进行更加细化的讲解时再将亲子沟通与家校沟通区分开来。另一方面，由于每一主题都分为三部分，即理念提升、知识提升与技能提升，在进行家长课程内容组织时，并不要求需按理念、知识与技能的顺序进行排列，而是根据主题不同进行整合，如关于"学习指导"内容，通过调研发现，家长普遍认同学习指导的重要性，在家长课程内容需求方面更加倾向于"学习指导"知识与技能的指导，由此，该部分内容中，理念类的内容可将知识类与技能类结合起来。

(二)初中生家长课程内容组织的结构

课程内容组织结构应遵循课程组织的一般逻辑，即纵向组织与横向组织、逻辑顺序与心理顺序、直线式与螺旋式，在结合这几方面内容的基础上，考虑家长课程内容所面对的主体，将家长课程内容的组织分为两方面内容考虑，一是遵循课程特定的模块进行，二是以问题式主题进行。

1. "通识＋拓展"相结合的家长课程内容模块

在家长课程内容组织开发上，应遵循基本逻辑，以帮助家长履行角色任务为出发点，紧紧围绕传授科学的家庭教育知识和解决家庭教育面临的问题两条主线，构建以"通识＋拓展"相结合的模块化内容结构。① 由此,在课程模块上应划分为两部分,一是必修模块,主要由相关理论知识构成,强调共通性;二是选修模块,主要由初中生家长实践面临的问题构成,注重个体性。在此,必修模块的内容主要解决的是初中生家长面临的共性问题,是所有初中生家长都需参加的;而选修模块,主要是为了解决特殊群体中出现的问题,或是用于时间精力充沛的家长拓宽视野,家长可以有选择地进行学习。

2.以主题(或问题)中心为导向的家长课程内容

美国成人教育学家诺尔斯通过长期实践和研究,总结了成人学习的众多特点,如成人学习是以"问题中心"的学习定向。成人学习是出于生活实际问题的需要,是围绕提高成人实际技能来组织学习,他们所学的知识能够运用于他们的工作、生活之中。② 由此,作为成人,家长的课程学习应参考其成人教育理论,课程内容的组织结构应以解决家长在教育孩子的实际中遇到的困难与困惑为出发点,这些问题也是家长学习的重要动力。如学校家庭合作共育背景下初中生家长课程内容中学习指导模块,理念、知识与技能部分内容都以问题的形式呈现,如理论模块的"为什么要帮助孩子树立学习目标?正确看待中学生考试成绩。"知识模块的"初中生的学习特点有哪些?家长应具备哪些学习指导知识?"技能模块的"如何帮助孩子树立学习目标?如何帮助孩子学习习惯的养成?如何引导孩子快速适应初一新生活?家长该怎么做孩子的学习伙伴?"其他模块同样地采用问题式模块呈现出初中生家长课程内容。

四、初中生家长课程内容评价的开发

基于成人教育的基本属性和根本目标,家长教育评价应该倡导以评价促发展的发展性评价,强调评价的"诊断、激励和发展"功能。③学校家庭合作共育背景下初中生家长课程内容评价的开发应从理论层面与实践层面思考。在理论层面,应明确家长课程内容的评价取向,即以家长发展为本的评价取向。在实践层面,首先应明确家长课程内容评价范围,在评价主体上,包含家长主体、教师主导、学生参与;在评价内容上,应包含家长课程内容的目标、家长课程的内容选择、家长课程内容的组织、家长课程内容的效果。其次,应制定科学有效的家长课程评价标准。最后,注重家庭教育过程和效果的综合性评价,如档案袋设计等。

(一)明确以家长发展为本的评价取向

评价取向是课程评价本质的集中体现,它影响并引领着整个评价的方向。评价取向错位或定位不准,将影响到课程开发评价的信度和效度、课程评价内容的确定、评价方式的选择、评价工具的制定等。④ 学校家庭合作共育背景下初中生家长课程内容评价取向应以家长

---

① 洪明.学校家长教育课程建设的基本构想[J].中国教育学刊,2021(3).
② 鱼霞.反思型教师的成长机制探新[M].北京:教育科学出版社,2007.
③ 董奇,赵德成.发展性教育评价的理论与实践[J].中国教育学刊,2003(8).
④ 李臣之.校本课程开发评价:取向与实做[J].课程.教材.教法,2004(5).

发展为核心,以家长发展促进学生发展。由此家长课程内容评价需着眼于家长学习层面,切实改变家长观念,增加家长知识,提升家长家庭教育技能。在具体的评价上,应关注两方面内容,一是家长课程内容评价是促进全体家长的发展,并非仅促进少数家长的成长;二是家长课程内容评价是关注家长多方面的发展而非某一方面知识的发展,并强调持续性。

(二)选定家长课程内容评价范围

学校家庭合作共育背景下初中生家长课程内容评价的范围应包含家长课程内容目标的评价、家长课程内容选择的评价、家长课程内容组织的评价、家长课程内容效果的评价。对家长课程内容目标的评价,包含课程内容目标的设置与家长需求是否一致,重点在于解决两方面问题,一是判断家长课程内容目标本身存在的价值与意义,二是诊断课程内容目标设置的可操作性。对家长课程内容选择的评价,需判断家长课程内容的选择与家长课程的总体培养目标是否有具体的一致性,是否符合家长的需求,同时还应考虑家长课程内容的科学性和准确性。对家长课程内容组织的评价,主要包含对家长课程内容组织与排序的评价,诊断其是否符合课程内容组织开发的一般逻辑,是否尊重家长自身特点,考虑其连续性、顺序性与切合性等。对家长课程内容效果的评价,主要通过家长课程学习后的反馈进行批判,同时,评价的重要意义在于调整与改善。由此,应通过家长的学习反馈及时调整家长课程的相关内容。

(三)构建三位一体的多主体评价模式

学校家庭合作共育背景下初中生家长课程内容评价的开发,应构建家长主体、教师主导、学生参与的多元评价模式。关于家长主体评价,作为自我主导者的家长不仅是学习的主体,也是评价的主体。家长主体评价强调家长在家长课程内容评价上处于主体地位,家长的自我评价也是家长自我主体的体现。关于教师主导评价,教师主导评价主要指在初中生家长课程内容评价中一方面要对已开发的家长课程内容进行评价,另一方面还需促进家长的自我评价。关于学生参与评价,为促进家长家庭教育胜任力的提升,应让学生参与到评价中,学生作为家庭教育的对象,是家长成长的重要见证人,孩子的感受与收获是家长课程内容开发是否成功的重要评价内容。由此,学生的评价是对家长课程内容的重要参照点。

(四)注重家长课程内容评价工具的选择

评价工具,主要指根据不同的课程评价的需求,采用的测评课程自身、教学状态和学业成绩、概念掌握或观念态度的手段。通常采用的评价工具包括量化评价工具和质性评价工具。[①] 量化评价工具主要强调通过相关的评价指标体现出来,对以下几个方面内容进行评价,即课程内容目标、课程内容选择、课程内容组织、课程内容效果,按照评价维度划分评价内容,每一内容按照三个甚至更多个评价维度进行,等级可划分为"优良、尚可、改进"等级。质化评价工具强调对家长在整个课程内容学习过程的情况进行评价,包含家长的收获、家长的感悟等,如可通过档案袋评定,"档案"就是有关学生学习情况的,有目的汇集起来的东西,它表现了学生在较长的时间里,在课程的一个或多个领域中所作出的全部努力、进步、学业

---

① 丁念金.课程论[M].福州:福建教育出版社,2007.

成就。掌握家长对课程内容的学习情况,包括横向与纵向的内容,纵向主要体现在时间上,即家长在课程学习的初一、初二、初三共三年间的档案记录;横向上,体现为每次家长课程的开展、相关活动的开展。

第三节 学校家庭合作共育背景下初中生家长课程内容开发的实践策略

一、制订家长课程专项计划,凸显教育行政部门帮扶职能

(一)依据行政部门专项政策,设立家长课程开发专项经费

家长课程开发需要相应的经费支持,由此,应依据行政部门专项政策,设立家长课程开发专项经费。初中的家长课程是针对家长而开发的学科,其对象主要是家长,其开发专项经费在落实过程中难以得到保障。因此,学校家庭合作共育背景下初中生家长课程内容在实践中呈现出零散、不系统等问题。地方教育行政部门应在政策的要求下设立初中生家长课程专项经费,在经济上扶持帮助初中生家长课程内容的制定。具体而言,学校家庭合作共育背景下初中生家长课程专项经费的实践应包括邀请家庭教育专家指导初中生家长课程内容的制定,即"专家专项经费";参与初中生家长课程内容开发的教师费用;购买相关材料的费用等。

(二)制定规章制度并严格执行,完善家长课程内容开发方案

学校家庭合作共育背景下,要保障家长课程内容开发得以完善并落实,需要制定一定的规章制度,政府及相关部门应积极主导规章制度的制定并监督落实,应包含对家长课程内容的开发标准及评价等提出要求,由此,制度的制定应从管理和制度层面出发。在管理制度上,可包括权利保障、人员保障、组织保障、经费保障。对于权利保障,政府及妇联等部门应给予家长课程内容开发相关保障,尤其在课程内容的开发上。在人员保障上,应积极支持学校教师与家庭教育专家的联络,师资队伍建设方面可支持学校加大对教师的培训,如果条件允许可以专门安排家长课程负责人。在组织保障上,应支持学校严格执行家长课程相关制度,制度应包含有例会、出勤、评价等,提高多方主体对家长课程内容开发的重视程度,同时学校要对课程教材、课时安排、评价方式、激励机制进行安排和管理。除此之外,要对社会的优质资源进行灵活选择和适时调配,社会资源主要体现在政府、社会团体和社会公益组织,包括对学校家长课程内容开发提供的人力资源、物质教育资源、信息教育资源等。

二、普及科学的学校家庭合作共育理念,营造良好学校家庭合作共育社会氛围

(一)搭建"家庭—学校—社区"沟通桥梁,开拓家长课程资源

基于交叠影响域理论视角,家长课程的开发应涉及家庭、学校及社会,由此,应搭建"家

庭—学校—社区"沟通桥梁,拓展家长课程资源开发。该理论为学校家庭社建立合作伙伴关系提供了理论基础,它的外部模型和内部结构都指向促进学生成长这一目标,学校家庭社沟通桥梁为家长课程内容的开发提供了一定的平台与资源,弥补了学校家庭社分离式课程资源开发的现状。社区的各类课程资源种类丰富,但在分布上较为零散。因此,要想全方位利用社区的各类课程资源,需要整合分散零落的各类文化,建立学校与社会资源的相互联系,进而扩充家长课程内容开发资源库。家庭中也拥有丰富的家长课程资源,如城镇家庭与农村家庭各自有自身的特点。城镇家庭中,家长从事职业的类型较为丰富,感悟也有所不同,在开发家长课程内容时,可结合不同家长职业特点挖掘课程资源,如部分家长是医生,那么在挖掘课程资源时,可将相关案例填充进去,如医生与患者的沟通对于家长与孩子的沟通具有什么借鉴意义。在农村家庭中,可引导家长通过让孩子参与到家务劳动中以帮助家长缓解与青春期孩子的关系。因此,应动员各方参与课程内容资源的发掘及整合工作中,以保障家长课程内容开发的顺利进行。

(二)普及科学的学校家庭合作共育理念,发挥教育宣传功能

从实践性课程理论出发,课程开发应强调教师、家长的双主体地位。家长有较为丰富的家庭教育实践经验,由此,家长课程内容开发的过程应充分发挥多主体力量,如家长、社区工作人员等。基于此,应动员家庭、社区参与家长课程内容开发,激发主体积极性与创造性,开发家长课程。地方教育部门充分发挥教育宣传功能,有效提高各类课程开发主体的社会认知、强化社会责任担当,从而弥补对家长课程内容开发价值认识不足的缺陷,帮助协调学校家庭社顺利进行"校本课程"及"中学家长课程内容"的开发。此外,通过社区的加入,也拓宽了课程内容的资源来源,能更加多元的满足初中生家长课程内容开发的各种需求,促使学校家庭合作共育理念的传播普及落实到社区,进而营造良好的社会氛围,促进学校家庭合作共育背景下初中生家长课程内容的有效开发。

三、完善家长课程内容体系,规范初中生家长学校课程

(一)把握"家长需求"的核心理念,开发家长校本课程内容

首先,在家长课程内容的组织上,学校应该担负起统筹家长课程内容的责任,设置独立的课程内容开发组织,调研了解家长需求,挖掘社会有效资源,设立相关负责人员,明确责任。其次,在家长课程内容培训上,学校要组织教师参与家长课程开发的培训。家长作为成人,他们的学习有别于孩子和青少年,而作为课程开发与实施主体的教师需要了解成人学习的特点,才能保证家长课程的适切性。再次,在家长课程内容的设置上,家长课程内容不应以课时为单位,课程的设置要与学生的成长阶段相呼应,并且要对一个阶段课程的整体内容进行系统规划。最后,在家长课程内容的开发中,要发挥家长的作用,联合家长委员会成员,吸取优秀家长的教育经验,了解家长各维度的教育需求,有针对性地开发符合家长实际需要的家长课程内容,充分发挥教育合力,构建全面多维度的家长课程内容体系,保障家长课程内容的有效性。

(二)开发以问题为导向的课程,提升家庭与学校间沟通效果

通过家长课程的访谈问卷得知,有少部分学校在家长课程的开展过程中实施了亲子活动,专家讲座和网络课程等方式,这类家长课程的开展方式相比于传统家长会的形式增加了家长的参与性,提升了家庭和学校之间的互动水平,改善了家长课程的授课质量,扩宽了家长课程的参与途径。在传统家长会的家长课程模式中,可以在会前收集本班家长在教育学生过程中遇到的问题,通过将具有相同教育问题的家长进行分类,使家长在课下也可以对孩子的教育问题进行相互交流,增强家长课程课后的延续性。家长也可以形成自己的小组,在家庭课程开展的过程中增加家长间相互交流的环节,通过短暂的交流讨论每个组选择一个或者多个具有代表性的问题,这样既能满足家长课程的针对性,又相比于一对一的教学模式增加了效率,提升家长的课堂参与度,使家长课程更有吸引力。

亲子活动是家长课程良好开展并且取得良效的重要途径。家长在亲子活动中更加关注孩子的体验和实践,从而对亲子关系有了更进一步的认知,这种认知有利于建设和改善亲子关系。通过调查问卷得知,有超过半数的家长认为可以在周末或节假日开展家长课程,这无疑为开展亲子活动提供了时间上的有利条件。在有条件开展亲子活动的学校开展亲子活动,既开拓了家长课程开展的形式,使家长和学生在相互交往的活动中更加了解,又使家长课程的理论知识更好地融入家长教育的实践过程当中。对于暂时没有条件开展亲子活动的学校而言,为家长科普亲子活动的重要性,鼓励家长在闲暇之余多到户外进行亲子活动,将家长课程所学的知识运用到平时与孩子的相处交往之中,从而提升家长课程的效果。

(三)完善学校管理,确立"城—乡"家长课程内容开发保障机制

"课程开发制度是由学校制定的,保障课程计划及方案得以落实的一系列行为规程,校内的全体人员应共同遵守课程开发制度,促使校本课程开发活动得以程序化进行。"[1]可以说,"规范的课程开发制度即是学校进行课程改革的有力保障,也是推动课程开发活动顺利进行的重要途径。"[2]由此,应完善学校内部管理机制,确立"城—乡"家长课程内容开发保障机制。首先,政府部门应在资金上向农村学校倾斜,加大教育投入,改善农村学校教育的基础设备,确保其有足够的资金进行课程内容开发,为课程开发提供良好的物质基础条件;其次,学校应搭建城乡教师交流的平台,"城—乡"教师可以相互交流,分享实践经验,相互学习,取长补短;再者,专家可以通过讲座的形式更新教师的教育观念,鼓励教师从实践出发参与课程内容开发,给教师提供理论上多方面的专业指导;再其次,学校管理者应完善内部的管理机制和课程内容实施的评价机制,一方面应实施民主管理,多听取教师的建议,给教师适当减压,确保他们有足够的时间投入课程内容开发上,与此同时,也要提高教师的薪资待遇;另一方面,针对课程内容实施的效果,开展多主体、多元化、多样化的评价方式,对其中存在的不足,有针对性地采取改进措施;最后,整合多方面的力量,如家长、社会各界人士等,为开发家长课程内容献计献策,共同为农村的家庭教育课程内容开发做出贡献。

---

[1] 和学新,张丹丹.论学校课程制度[J].全球教育展望,2011,40(2).
[2] 和学新,张丹丹.论当前学校课程制度建设的现实选择[J].教育理论与实践,2010,30(19).

四、拓展家长课程培训渠道,提升教师课程开发意识及能力

（一）参与家长课程实践活动,激发教师家长课程开发的意识

《国家中长期教育改革和发展规划纲要(2010—2020年)》指出:"政府及其部门要树立服务意识,改进管理方式,完善管理制度,依法保障学校充分行使办学自主权。"由此,应提升教师课程开发意识,增强教师参与课程改革的能力,真正推动学校走内涵发展之路。教师的课程意识,是指教师基于对课程系统的整体感知和把握而表现出来的对课程问题的敏锐洞察和积极反应,它既包含教师在教育行为过程中的课程观,又包含教师在课程实施过程中的方法论,具有个人性、生成性、导向性等重要特点。激发教师、家长课程开发意识,明确学校家庭合作共育背景下初中生家长课程内容开发理念,以意识与理念为指导,以系统整体的眼光统筹兼顾初中生家长课程内容开发的各要素,实现学校家庭合作共育背景下初中生家长课程内容开发整体效益的最大化,推动家长课程开发工作有序开展。

这就需要教师通过积极参加家长课程开发培训及实践,以提升自己的课程知识及课程技能,促使其更好地进行校本课程开发。如在了解他们在教育孩子过程中遇到的实际问题后,通过总结和归类,将收集到的问题进行归纳总结,形成系统的问题库。同时,可通过家庭教育网络平台提升自身家长课程开发知识与素养。扫除教育过程中存在的盲区,为孩子的全面发展创建良好的外部环境,使孩子的知识教育、生理教育、心理教育和道德教育得以和谐发展。① 由此,结合家长课程和家庭教育相关的理论知识和实践经验,有针对性地开发出不同家长群体所需要的课程,一方面,可针对不同情况的家长编制相对应的教材和教学方法。另一方面,也可对教育孩子时遇到相同问题的家长进行分类分组,既能提升家长课程的针对性,又能兼顾家长课程的教授效率,通过参与家长课程实践活动,激发教师家长课程开发的意识。

（二）设立家长课程内容研发专组,提高教师课程开发素养

在校本课程开发中,教师的课程开发素养即"指向教师已有的课程开发学科性知识、程序性知识、课程理论知识以及课程实践技能等,教师丰厚的课程开发素养是有效进行校本课程开发的背景与前提。"② 家长课程内容开发不同于一般的成人教育课程内容开发,具有自身的特点:课程结构更加复杂,课程目标制定受到多种因素制约。社会等各组织机构依据泰勒的目标分类原则,可从以下几个方面分析家长学校课程目标的选择:对家长的研究、家长所处环境的研究、当前已有的家长学校课程、人的全面发展、家长学习心理。首先,分析课程目标的来源,包括对家长的研究、家长所处环境的研究、当前已有的家长学校课程、人的全面发展、家长学习心理的研究等。其次,整合家长课程目标。通过设立家长课程内容研发专组,引导课程开发目标的分类及确立,实现家长课程内容开发的高质量发展。同时,可通过系统的教师培训计划,提升教师家长课程开发能力。就培训方式而言,分为教师集中培训、教师分层培训、专家应邀培训等。专家应邀参训的主要是学校家庭教育共同体组织机构成员,通过邀请国内外家庭教育专家与课程开发培训专家对教师进行培训,整体提升教师、家长课程内容开发的能力。

---

① 刘繁华.基于现代信息技术的协同教育平台(网站)的设计与应用研究[J].电化教育研究,2007(1).
② 傅健明.校本课程开发中的教师与校长[M].广州:广东教育出版社,2003.

第七章 学校家庭合作共育理念下中学心理健康教育研究

第一节 学校家庭合作共育是优化心理健康教育效果的需要

一、学校家庭合作共育的优势

(一)学校能够帮助家长改进对心理健康的认识

研究表明,大部分家长过于重视孩子的学习成绩,而轻视对孩子进行品格、兴趣、社会交往等心理健康方面的培养。但是一个人的成长和发展的健全和成功不仅仅是学术上的成功,是否心理健康、德行优秀也是判断一个人的标准之一。而心理健康教育并不是一蹴而就的,需要长期的投入,学校在此可以向家长进行观念的宣传,从基础理念上建立起家庭心理健康的阵地。

(二)学生有心理问题将愿意向家长寻求帮助

如果家长一味地重视分数而轻视心理健康,从学生的角度来说,如果在学校中取得的成绩不理想,回家受到父母责难,则会产生自己不被理解的感觉,黑龙江省关于未成年人家庭心理健康状况调查显示,"8.9%的孩子认为家长没有关注自己的心理状况。"[①]试想,如果学生感受不到家长对自己心理健康状况的重视,那么在生活中遇到问题、心理上有心结,就不会愿意主动向家长倾诉。如果家长能够和学校保持一致,注重学生的心理健康问题,那么学生的许多问题在出现的时候就可以及时地向外界寻求帮助,不至于不断积攒,最终量变导致质变产生不可弥补的严重后果。

(三)家长能够丰富心理健康教育资源

在家庭教育中家长的意识和观念至关重要,同理在学校中孩子的成长,形成的价值观、人生观在很大程度上依赖于教师的素质。虽然目前我国城市中学教师的素质在"心理品质、教育观念、政治思想道德素质、业务素质和身心健康"等方面基本令人满意。[②] 但是教师的知识技能和数量毕竟有限,而社会发展日新月异,很多新领域的知识和技能教师并不能够完全知晓。而学生的家长则分布于社会的各行各业、各个阶层。他们或多或少有一些教师所不具备的知识和技能,或者是自身掌握着相关的资源,同时家长的数量之于学校教师的数量可

---

① 邵志杰,杨巍,郭惠慧.黑龙江省未成年人家庭心理健康教育状况调研报告[J].中国校外教育,2011(51).
② 陈剑梅.中学教师素质结构及现状评价[D].江苏:苏州大学,2003.

以十倍计,倘若家长参与学校教育便可以弥补教师知识面和能力上的缺失,对于丰富学生的学习内容、开拓视野具有十分重要的促进作用。因此,实施素质教育需要充分挖掘社会教育资源的潜力。同理在心理健康教育方面,如果学校的家长了解相关知识或者可以引入相关专家,提出专业的意见和建议,能够丰富教师的教学内容,改进教学方式。

(四)家长能够及时发现孩子的心理健康问题

当今中学很少实行小班教学,基本上是一个班主任负责班上所有的学生。但是教师精力有限,不可能全面的顾及所有学生的各个方面,顾此失彼在所难免,或是重视了学习忽视了行为,或是重视了甲而忽视了乙。长此以往,得不到教师关注的学生自然会对教师失去信任。而家庭教育则是父母长辈在家庭中单独进行的一种具有个别性的教育行为。古语有云:知子莫若父。家长在家里和孩子朝夕相处,孩子身上发生任何细微的变换,比如行为、比如面部表情,一言一行都在父母的眼底,可谓了若指掌。因此,父母可以通过孩子在家里的一举一动发现他的心理波动和存在的问题,第一时间纠正问题,直接扼杀在萌芽状态,避免问题的严重和恶化。如果问题已经比较严重可以及时向教师反映和寻求帮助。教师在学校就可以针对家长反映的问题加以注意和纠正。一是让学生感受到来自教师的关怀,二是可以及时关注问题从而解决问题。因此学校家庭合作共育可以及时防治个别化心理问题,同时达到整体心理素质的提升,使学校集体教育更为高效。

(五)家庭能够深化心理健康教育的学习效果

学校和家庭是中学生接受教育的主要阵地。学生每天有三分之一的时间在学校接受各种知识技能的教育。但是回到家里便是处在学校的教育能力和控制之外的。此时家长应及时关注孩子在校的学习,形成学习空间上的延续性,及时巩固学习效果。特别是针对心理健康问题可能存在反复性的现象,家长的延续性监督可以更为有效地帮助孩子纠正错误的行为和想法,强化期望的意志行为。此外,在学校中的心理健康教育多为课程,基本上逃不开理论上的说教,但是一个行为的养成,对一个观念产生深切的认同感,或是一种信念的形成都是需要一定时间的积累,并且身体力行比理论说教更为直观和长效。家长了解学校的教育内容之后,可以在平时的生活中注意自己的一言一行,从一点一滴中让孩子认同学校的心理健康教育,形成积极的处世态度。心理健康教育的内容很多是需要体验之后才能建立的,比如让孩子积极的看待自己,对自己有正确的认识,有较强的自我效能感,并非一句话的说教就能让孩子真真正正地建立起自信,需要创设一定的情境,让学生体验成功,感受自己的力量,对自己建立起信心。学校的学生众多,即使课堂教学内容有体验成功这一项,教师也不可能为每一名学生创设情境,这就需要家长在课后的配合,在家庭中多让孩子体验,不断感受,较好地实现教育的目标。

(六)学校家庭合作共育能够形成心理健康教育合力

不论是否开展学校家庭合作共育,家庭和学校的出发点必然都是一致的,那就是为了孩子的健康成长。学校家庭双方在最终目标上达成一致,如果能进而相互探讨如何在教育的内容上、方法上、手段上相互学习相互补充,便能达到一加一大于二的理想效果。

首先,教师作为专业的教育者,自然有着较家长更为丰富的教育理论、方法和经验。在学校家庭合作共育的过程中,家长可以向教师吸取教育经验。同时每个班级也有表现较好的学生,这些学生的家长在教育子女的过程中必然也有自己的独到之处,那么家长之间也可以相互学习、交流、分享教育的心得体会。在这一过程中,无形间,家长的教育相关的知识技能和经验都会得到提高。

其次,教师在学校家庭合作共育的过程中也可以了解家长对于自己工作的意见和建议并不断改进自己的工作。教师通过家校沟通对学生进行全面充分的了解,进而能够更加客观的认识学生、理解学生,那么在一些问题上如果学生产生某些特殊的心理和行为,由于之前对家庭背景、家庭文化等有所了解,便可以避免不必要的心理定势和误解。"开展学校家庭合作共育活动后,学生的自信心、对人生的乐观态度、与朋友的交往程度、对学习的兴趣等都有极大的提高。"

二、学校家庭合作共育是心理健康和心理健康教育的需要

(一)心理健康教育自身要求学校家庭合作

理论说教对于心理健康教育毫无裨益,心理的形成需要的是与周围环境的融合和生活实践的结合。心理的形成并不是单靠外界被动的注入就能产生反应的,它是在主观和客观的矛盾斗争中不断形成的。人们会利用自己已有的心理认知去感受外界的刺激,在感受到矛盾之后必须要克服自己的认知局限性来重新建构自己的认知,这是一个漫长而反复的过程,单靠在校的短暂时间和实践是不可能完全形成的,必须整合所有可以利用的教育资源进行不断地强化。在这个过程中,家庭和学校作为学生所接触到的最直接的两个资源,也是与自身关系最为密切的两个方面。许多心理问题的出现与家庭学校教育的不一致有明显关系。心理健康教育是一项具有延续性和系统性的工作,对于一所学校来说显然不能满足这一要求,但是家庭从孩子的出生开始就与其紧密相连,发挥家庭在心理健康教育中的作用,才有可能让心理健康教育更好的延续下去。同时对于家长而言,只有少部分家长具有心理健康教育方面的知识,但是心理健康教育单靠学校的力量效果毕竟有限,动员家长的参与,才可能切实优化心理健康教育的效果。所以联合学校家庭,多方合作,整合教育资源为学生创造健康和谐的学习生活环境才能避免或减少心理问题的发生,即使有问题发生也能及时缓解或解决。因此学校家庭合作共育是心理健康教育本身的要求。

(二)学校发展心理健康教育要求学校家庭合作共育

学校心理健康存在着诸多问题,家庭在这些问题面前和学校加以配合可以解决很多问题。在现在急速发展的社会中,学校的有形围墙已不再那么重要,为了满足社会发展的需要,自身建设的需要,学生成长的需要,学校必须迈出自己的脚步联合所有可以联合的力量、扩大对外接触,只有学校协调与家长之间的联系,学校心理健康教育才能和谐发展。倘若学校与家长关系紧张,家长对学校往往会产生不满和逆反的心理,而学生在潜移默化中就会受到家庭的影响,排斥学校的教育,直接导致学校心理健康教育的无力。或者是学生在学校里接受的心理健康教育与家长灌输的理念不一致,将直接抵消学校的教育效果。可见,学校与家长之间保持良好的合作和交往对学校心理健康教育质量的提高,对学生的身心健康都有

重要的作用。总结实践的经验也可以发现,心理健康教育的成功少不了学校家庭合作共育的支持。安徽芜湖的"感恩的心"、山西太行中学的"心理健康使者"都是学校家庭合作共育开展心理健康教育的成功例证。

第二节 学校家庭合作共育心理健康教育的内容、模式和途径

一、学校家庭合作共育心理健康教育的内容

学校家庭合作共育心理健康教育的内容主要可以分为两个方面,一是学校和家庭对于学生共同负起的心理健康教育内容,二是学校对于家长肩负的心理健康教育内容的指导。

(一)家庭和学校给予学生共同的心理健康教育内容

1. 个性与人格辅导

一个人的个性心理品质对其未来的生活成长都有着重要影响。培养学生健康、健全的个性心理品质既是学校教育的目标,更是心理健康教育的目标之一。在全面了解学生个性心理特点的基础上帮助学生正确认识和全面了解自己的人格特点、心理特征和优势,确立积极的自我概念,并在此基础上为学生的个性发展提供指导,针对某些不利特点提出人格塑造的建议、计划与措施。

2. 学业问题辅导

学业问题辅导主要是对学生学习兴趣、态度和方法的辅导。学生自然是以学习为第一要务,卡特尔的流体智力和晶体智力理论表明,对学生学业成绩造成影响的除了智力因素外,还有非智力因素,比如学习兴趣、学习方法等。流体智力先天形成,所以学业问题辅导主要是帮助一些学生解决学习心理障碍引起的学业不良问题。主要的学习心理障碍有:自信心的丧失与习得性无助、学习策略与方法失当、对学习与考试的过度焦虑与紧张、师生关系紧张、学习的不良归因、动机缺失等。课堂内的学习毕竟有限,对于中学生而言,正处在知识储备急速上升的时段,更重要的是要让学生拥有学习的能力,要在课程中多方渗透,让学生学会学习。中学生心理辅导的一项重要内容便是针对影响学生学习成效的智力与非智力因素,立足学科课程教学进行有机渗透,让学生在学习过程中"学会学习"。帮助他们爱学习、会学习、学习好。比如了解记忆的规律、进行思维的训练形成创造性思维、掌握知识的内在共性、学会理论和实践的迁移等。有没有学习的意愿是学习态度的问题,能不能学会是学习能力的问题,会不会迁移是学习方法的问题。

3. 升学和择业问题的辅导

现在的学生缺乏对于社会压力和国情的深刻了解和认识,对于自身也缺乏正确和深入的了解,对于将来的专业和工作缺乏客观、科学的分析和判断,因而不能正确判断自己合适的专业和职业,突出表现为升学和专业选择的盲目性。由于对自己未来的职业发展缺乏明确的规划,在升学、专业的选择上凭一时的冲动或者盲目跟风选择不适合自己的专业,导致在校学习时对专业不感兴趣、毕业后在众多的职业岗位面前无所适从。而升学和就业指导

主要帮助学生了解自己的个性特点、性格和能力倾向，专业和职业兴趣，职业价值观，了解相关工作特性，获得有关就业、社会人才需求方面的信息，了解国家就业政策，让学生掌握择业决策的技巧，正确处理个人专业、职业兴趣与社会需要之间的关系。

4. 考试与竞争等压力与挫折的应对

针对考试与竞争压力，一些学校尝试进行"考前心理辅导"，收到了良好效果。其具体内容大体包括：复习备考策略、考前躯体与心理准备、应考策略、在考试过程中的不良情绪反应调节、考试后正确对待取得的成绩、学会合理解释考试成绩、正确归因等。学生今天在学校中学习，他将来要面对的是一个充满残酷竞争和严峻挑战的社会，所以在考试心理辅导中更重要的是让学生形成一种积极心态，面对挫折和打击要善于自我调节，这不仅对学生今天的成长有益，而且对于他们将来更好地适应社会也具有积极意义。

5. 生活及人际关系协调

在学校心理健康教育中大多还包含了生活和人际关系的辅导。主要包括情绪辅导、社交礼仪辅导、生活休闲辅导等。帮助学生学会合理规划自己的日常生活，在生活中养成良好的学习和生活习惯；培养学生基础的社交礼仪，在基本的社交活动中有礼有节；培养学生积极健康的生活趣味，以健康向上的生活休闲方式调适自己，学会控制自己的情绪情感和不良情绪的正确疏解方式。积极的人际关系可以增进同学互帮互助、携手进步，同时也帮助自己形成良好的心境、保持愉悦，提高学习与工作效率。学生的人际关系主要包括：与父母长辈的关系、与兄弟姐妹的关系、同学关系、师生关系、与亲朋好友的关系、与陌生人的关系及新环境的适应等。不同的人际关系要求有不同的态度、分寸与技巧，对学生在人际交往方面的具体问题要具体分析。同时，在人际关系的辅导内容上多为诚实正直、与人为善、以诚待人、心胸宽广、具有同理心、具有良好的自我效能感、建立优秀的自我形象、掌握人际交往的技巧、培养并展现自己的独特之处等。

(二)学校对于家长的心理健康教育内容的指导

1. 指导家长开展家庭心理健康教育

心理健康教育需要合理，但是很多家长对于教育学知识、心理健康原理都缺乏了解，所以在家庭教育过程中采取了不正确的教育方式，而这些教育方式恰恰有可能导致学生的心理问题。因此学校对家长的指导十分必要。比如让家长了解心理发展的规律、明白孩子心理问题产生的可能原因，在家里学会倾听孩子的想法，让家长了解孩子的个体差异，采取正确的教育方式等。同时要根据不同家长的文化背景因地制宜，开展形式多样的教育活动。

2. 对个别家庭进行个别指导

在学校心理健康教育中，家庭是一个不可忽视的阵地。但是家庭与家庭之间也存在各种各样的问题。根据布朗芬布伦纳的系统生态理论，家庭对于学生而言是微观系统，直接影响学生的发展。因此，对于由于家庭因素引起的学生心理问题，学校需要运用心理学的专业治疗方法，对每个家庭对症下药，优化家庭结构，从源头上解决学生的心理问题。

二、学校家庭合作共育模式下心理健康教育的模式

不同区域、不同学校有着自身不同的社会发展特定因素和文化，各个学校在开展学校家

庭合作共育心理健康教育的过程中,不能生搬硬套一些教育模式和方法,而是要立足本校发展的现实情况和条件以及发展的目标和需求因地制宜,在借鉴学习的基础上创新,建构具有本校特色、符合本校需要的心理健康教育模式。但是无论何种模式,都需要注意模式的实践意义、价值并且要具有可操作性。

(一)以学校为基地的模式

以学校为基地的心理健康教育模式,要求学校的领导和全体教师立足学校所有学生的在校情况和普遍需要,建立家长委员会,把学生的需要作为开展心理健康教育的重心,以家长委员会作为学校和家长沟通的桥梁,形成学校家庭一致的联合心理健康教育体系。模式准备阶段的关键在于学校对于全体学生的需要要有准确的测量,并在此基础上和家长磋商协同一致的教育对策。实施阶段要注意和家长保持热情、友好、平等、及时的沟通,家长有问题可以直接向教师反馈,也可以集中向家委会反馈,学校亦然。双方对于过程中的困惑和问题共同探讨、分析后协商提出对策。由于长期以来学校在学校家庭合作共育的过程中一直处于主导地位,所以在此要特别注意与家长的平等沟通,切不可将最后对于问题的解决方案独断实施。

以学校为基地的实施模式可以按照以下步骤进行:①学校对全体学生的情况进行调研,找出心理健康教育的目标方向,同家长委员会一道商议并制订计划;②通过多种家校沟通渠道,如家长会、家访、短信、互联网平台等,及时与家长联系;③举行形式多样的学校家庭合作共育活动,如讲座、开放日等;④学生、家长和教师对于实施过程中的问题提出自己的建议,改进计划。

(二)以家庭为基础的模式

不同地区有自己深刻的社会历史发展因素,形成特定的文化,学生在家庭中受家长的教育理念和文化影响根深蒂固,以家庭为基础的模式可以通过优化家庭环境、更新家庭教育理念、改善家庭教育方法,进而源头上优化学生成长的心理环境。该模式实施的重心在于对家庭进行充分了解的基础上,针对突出的家庭问题进行辅导,形成家庭教育合力。

以家庭为基础的教育模式不仅要建立家长委员会,更重要的是要构建对家长普遍存在的问题统一进行培训的机构,如家长学校。以该机构为依托,学校可以利用自身的教育资源或者邀请教育专家和心理健康工作者对家长开展主题培训,帮助家长树立正确的教养观,提高父母对于家庭环境影响子女健康成长的重要性的认识。

上海市虹口区的"家庭教育巡访员"活动就是这种模式的尝试。巡访员的主要工作是对家庭工作的监察、指导、协调和反馈,一般由退休教师、医生和社区干部自愿担任。巡防员发现问题后,会根据每个家庭的不同问题,采用不同的方法,进行上门指导。主要是为了优化家庭结构,和谐家庭关系,让孩子的生活学习环境变得更好。同时,巡防员还会在社区开展各种家庭经验交流活动,探讨教育的热点和难点问题,在社区中形成良好的家庭教育氛围。①

---

① 陈源声.家校合作理念下中小学心理健康教育初探[D].上海:华东师范大学,2013.

因为家长作为成年人很多观念已经根深蒂固,所以家长学校之类的教育平台的教师要格外的耐心,在改变或改善观念的过程中要循序渐进并注意及时和家长进行沟通反馈。

实施步骤:①学校对于学生家庭情况进行调研,找出主要存在的问题;②制订改善家庭心理健康教育的总目标、阶段目标和计划;③搭建家长教育平台,开展多种多样的家庭心理健康教育活动;④学校家庭相互沟通反馈意见和建议,不断改进计划。

(三)以个体需要实施心理健康教育的模式

没有两片树叶是相同的,也没有两个人是完全一样的。每个学校都存在着一些情况比较特殊的学生,特殊可能是存在某些问题也可能是拥有某种天赋。对于这些学生,可以采用以个体为核心的模式,着重和家长进行沟通,根据每个学生的独特性开展特殊的学校家庭合作心理健康活动。

(四)以个别家庭的需要实施心理健康教育的模式

学生在入学之前的大部分时间都是和家庭共处的,个体的差异性往往根源于家庭。对于存在特殊问题的家庭,可以通过对家庭进行访查,了解问题的深层次原因,把握问题的核心,与家长及时有效的沟通。一是这样的学校家庭活动更具有针对性、更有效,可以优化家庭环境。二是对于学生产生问题的原因能够更好地进行了解,教师也能够更好的理解学生。

以上四种模式并不是孤立存在的,学校在实施心理健康教育的过程中可根据不同个体需要和不同的阶段单独或联合实施。比如在针对大部分学生开展的学校家庭合作共育心理健康过程中,发现了某些个别学生的突出问题,就可以结合个体需要的心理健康模式进行合作教育。

三、学校家庭合作共育心理健康教育的途径

学校家庭合作共育心理健康教育可以采用多种途径相结合的方式进行,每个地区和学校的情况不同,各个学校可以根据自身的条件和需要选择合适的途径。

(一)利用家长会宣传心理健康教育

家长会是学校家庭合作共育中最为普遍的一种沟通形式。一般学校会在期中或期末以班级为单位定期召开家长会,会上任课教师和班主任会向家长报告学生的学习情况和班级的一些工作情况,让家长了解孩子的在校学习情况。就一些班级问题或学生的学习问题征求家长的意见和建议,回答家长普遍关心的问题。学校可以利用这个机会,把学生在校的心理健康状况也向家长进行报告,并且指出学生可能存在的问题和需要家长予以配合进行纠正的地方。利用家长会的契机向家长宣传心理健康教育。

(二)通过家访了解心理健康教育状况

心理健康教师可以根据学生的不同情况和需要与家长展开个别交流,让家长充分了解学生在学校的基本情况和主要的心理问题,同时也可以了解学生的家庭基本情况和近期的情况,因为只有充分的了解学生,掌握其问题产生的背景资料才可能更好的理解学生,为解决学生的心理问题做好铺垫。在家访的过程中教师也能发现心理问题产生的家庭因素,及

时向家长提出,甚至是做出演示,防止问题进一步恶化。同时家长也可以访校,向教师反映学生问题,通过相互沟通、及时沟通、相互协商出解决问题的方法。在教师家访和家长访校的过程中,双方都应采取热情、求实、负责的态度,而且还要经常互访,否则双方会获取过时信息,影响心理健康教育的效果。

(三)开办家长学校普及心理健康教育知识

为了帮助家长更新家庭教育观念,掌握科学的心理健康家庭教育方法,学校可以有针对性地开办一些家长学校,同时为了让家长更多、更有效地加入对子女的心理健康教育中,可以成立专门的心理健康学校家庭互联机构。家长学校开办的主题则可以通过家委会收集家长的意见决定。之后学校可以利用自身资源或是与教育研究机构和院校相配合,采取专题讲座的形式,邀请校长、教务主任、教师和有关方面的专家、教授,向家长讲解心理健康教育的相关知识,开展家庭教育咨询活动或家长之间的经验交流活动。通过学习,可以提高家长心理健康教育素养,更加科学合理地对子女进行教育,促进学校家庭合作沟通。家长学校的开办要注意,培训的内容应贴合家长的需要、循序渐进,尽量采用多种多样的培训手段,对于培训后在家庭心理健康教育中表现突出的家长可以在家长会上进行公开表彰。如上海市普陀区的一所小学就形成了家长委员会,定期召开家委会及全体家长大会,会上给家长举办家庭教育的相关讲座,同时对于学校家庭合作共育取得明显效果的家长和进步学生进行表彰鼓励。

(四)利用家长委员会协调心理健康教育工作

家长委员会是一种由学校出面组织的家长自己的集体组织。一般是在学生入学后,班级人数推选出一定数量的家长代表而成立的。家长可以定期向家委会汇报学生的心理健康状况,家委会及时收集信息后对于普遍存在的问题可以向学校反馈,教师与委员们可以通过召开委员会会议交换信息,共同研究如何教育学生,双方协商出解决方案,再向家长反馈。家长委员会作为学校与家长联系的桥梁,既可以及时反映家长对学校工作的意见和建议,又可协调家长之间、家长与学校之间的关系,协助学校做好家长工作。不同行业或者不同文化背景的家长的加入,不仅可以给学校带来丰富的教育内容,又能为学校的教育和管理提供多种支持和服务。家委会在解决存在共性的问题中,表现高效。

(五)通过家长开放日体验心理健康教育

每学期或学年学校向家长开放一天或半天做家长开放日,向家长展示学校的心理健康教育教学过程。家长通过听课、观摩、参加学生活动,了解学校、了解教师、了解孩子,增进与学校的感情。同时在开放日之后,可以集中收集家长在观摩体验过程中的意见和建议,用家长的眼睛看学校,往往可以发现很多教师日常教学中忽略的问题。

(六)开通家校沟通平台使心理健康教育高效

学校可以利用现代网络通讯工具如 QQ、微信建立沟通平台,既方便家校沟通也方便家长和家长之间的沟通交流。很多问题有相同体会的人会产生更多的共鸣。家长之间对于孩子的心理问题,在相互沟通的过程中往往就能集思广益,得出解决方案。通过家长内部沟通合作,让心理健康教育更为高效。同时学校可让教师在网络上定时值班,每周有固定的时间在平台上为家长答疑,或是根据家长的要求,在公共的邮箱或网盘中上传心理健康教育资料,方便家长学习参阅。

第三节 保障学校家庭合作共育心理健康教育实施的建议和对策

一、对政府的建议

(一)相关政策、制度支持

虽然我国有各个学龄段的心理健康指导纲要,部分地区已将心理健康设置为必修课程,但是心理健康教育的开展情况和效果考核并没有纳入上级教育部门对学校或者学校对学生的考核范围之内。

对此政府教育部门出台心理健康的相关考核标准和学校家庭合作共育的法规政策,特别是保护在学校家庭合作共育过程处于被动和弱势地位的家庭的相关政策。将心理健康教育纳入学校的管理和德育工作的考核范围之内,建立一套学校家庭合作共育的评价体系和指标。学校对于本校的学校家庭合作共育心理健康工作要设定明确的目标,制订详细的计划,细致分工,责任到人。

(二)引入学校家庭合作共育督导组织

学校在开展学校家庭合作共育心理健康教育的过程中,可以通过向兄弟学校学习或是自身不断探索进步,将心理健康教育活动开展得越来越好。但是古语有云:"不识庐山真面目,只缘身在此山中。"有些问题因为学校身在其中,难以自我察觉。如果可以在学校心理健康教育过程中,引入相关教育领域的专家对学校的工作进行监督和定期指导,可能会使工作更高效。心理督导员可以由高级心理工作资质的专家担任,对学校的有关人员的工作进行干预。督导员必须具有丰富的专业知识,并且从事心理健康教育工作一定年限,具有丰富的实践经验,尤其是要有督导的相关知识和技能。督导的过程并不是被动地接受,而是双方平等交流的过程。

二、对学校的建议

(一)明确学校家庭双方责任

首先可以制定相关的学校家庭合作共育协议,避免在合作中教师和家长对于自身责任不明确容易导致相互埋怨,使合作不欢而散。有了明确的责任,学校家庭双方才能清楚地认识到,在整个学校家庭合作共育的过程中自己需要达到哪些要求,才能清楚地看见自己的不足之处,为改进提供可能性。在目前政府没有出台学校家庭合作共育相关法律法规政策的时候,学校家庭合作共育的双方在合作的开始就需要签订一份学校家庭合作的协议,在协议之上清楚的规定出双方在活动过程中各自的职责,享有哪些权利,需要履行哪些义务。明确在合作的过程中,双方是平等合作的关系,虽然学校对家庭有指导,但是家庭也对学校有意见反馈,双方合作互惠互利,相互促进。协议在双方都认可的情况下签字生效。明确双方责任,有的放矢,事半功倍。

有了学校家庭协议,就需要有监督和执行学校家庭协议的专门学校组织。那么在此过程中,家长委员会对于学校家庭合作共育的重要性不言而喻。一方面它收集家长的意见和建议,向学校反馈;另一方面,它向家长传递学校的理念和想法。在学校家庭双方有矛盾的时候,一方面他可以代表家长向学校提出自己的要求,另一方面它可以站在家长的立场上和家长沟通,利于矛盾的缓和化解。家委会起到的不仅仅是重要的沟通协调的作用,就某种程度而言,它更是学校家庭合作共育的缓冲剂。所以要建立家委会并且真正赋予其效用。家长委员会的成员应该在自愿原则的基础上,尽量纳入社会各行各业和各个阶层的家长,其代表全体家长参与学校民主管理,支持和监督学校做好学校家庭合作共育心理健康教育工作。

学校可以设立专门的办公室,根据家长的工作时间灵活安排家长到学校的家委会办公室值班,值班的家长可以观摩或参加学生的心理健康教育活动。平时可以接待对于学校有建议的家长,切实发挥家长委员会的职能作用。

(二)给予家长指导充分调动家长的积极性

很多家长学校家庭合作共育中也有很多自己的想法,如果能集合家长在心理健康教育中的优势资源,不仅能唤起家长的学校家庭合作共育主人翁意识、责任意识,还能调动家长思考和行动的积极性,让学校家庭合作共育焕发生机。但是因为家长对于学校工作不了解,对于心理健康教育工作相关知识的缺乏,学校的家委会可以负责对家长的信息进行收集,学校根据家长的需要,通过家长培训等方式给予家长相关指导。同时如果教师在心理健康教育工作中需要什么样的教育资源,比如某些专业的专家指导或者是教育场地都可以请家长协助,把家长吸收到教学工作中,毕竟如果对孩子有帮助家长也是乐意为之的。但是调动家长的前提是家长是自愿的,如果强迫家长反而会导致失去家长的信任和降低家长的工作热情。

同时在心理健康的教育过程中,处在同一年龄段的学生中肯定存在着相同或相似的心理健康问题,有些家长在处理问题的过程中方法非常具有参考意义,而家长面对同样的问题,相互之间交流起来比和教师交流更自然、更顺畅,更有利于问题的解决。因此学校应将所有的家长凝结起来,在家长之间搭建相互交流问题的平台,分享经验,以利于问题的有效解决。

(三)优化师资队伍

针对当前心理健康教师数量和质量的不足。首先政府部门应当鼓励并扶持高校设置相应专业,培养相关人才。其次政府教育部门和心理健康教育协会应当制定心理健康教育教师申请资格、培训要求、任职资格、工作职责等方面的明确政策,并且制定出心理健康教育教师职称评聘和晋升制度,对心理健康教育教师队伍的扩大、优化和稳定将是一个有力的保障。对于学校而言,现阶段迫切要做的工作应是对在职的教师进行心理健康相关在职培训。培训可以是学校的个体行为也可以向当地的教育部门申请,在一定区域内集合需要培训的教师,借助高校或科研机构的力量,帮助教师完善基本理论和操作技能。培训结束后通过正规考核或资质评定方可上岗。教师上岗后可以带动周围非心理学专业的教师,特别是各个班级的班主任,提高其心理学工作素养,在全校范围内形成良好的心理健康教育氛围。

学校可以建立专门的心理健康指导组,主要指导者为心理健康教师,各个班级的班主任起辅助配合作用。每个学校的心理指导组的工作方式可能都有自己的特色,因此各个地区的心理指导组之间可以密切联系,交换工作经验和心得。学校也可以邀请别的学校的教师到本校来开展学习和讲座或观摩课,形成校际的心理指导组的互助,高效利用资源。

（四）重视学生的主体性,发挥学生的能动性

任何心理健康教育指导的根本目标都是"助人自助",据此,学校心理健康教育一方面要回归到重视学生的心理健康辅导需要,根据年龄段和学期段设置合适的教育项目。心理健康课程不同于其他文化课的地方在于,心理健康教育更需要的是一种发自内心的认同感,从而自觉地实践以实现情绪情感上的调适,促进心理健康。而这种心灵上的共鸣、理念上的认同、实践中的感悟,光是枯燥无味的说教,如何能奏效？可见单纯的说教是不能引起学生的共鸣的,很多心理和认知的形成都是需要在实践中累积。根据这一点,学校心理健康教师一是要在充分了解学生现状的基础上丰富校本心理健康课程,二是在开设心理健康过程中围绕每一个主题多开展实践活动,让学生在情境中自我体验、自我感悟,最终内化到自己的思想和行为中去。

另一方面要培养同学之间、学生和家长之间的指导帮助作用。发挥学生的能动性。比如可以开展同学互助计划,让学生学会聆听,学会帮助别人适应各种学习和生活上的问题,学会帮助同学进行决策。在帮助别人的过程中自己也会有所内省。同理在学生和家长之间,通过相互倾听相互理解、相互分析,往往能够看到自身的问题,很多矛盾就会自然化解。而在这些过程中,学生的心理健康自助和助人的能力都会得到提升。

（五）建立并完善学生的心理档案

学生从小学到中学到大学的学习并不是完全固定在一所学校的,通常大部分学生会在一所学校完成自己的一段学习,但是仍然存在很多学生会因为诸如父母调动工作、搬家等原因更改学校和学区。对于这种情况,如果学生没有一份类似于人事档案一样的心理档案,他的很多心理信息都无从追踪,这就为他所在的新学校的心理健康教师的工作带来了难度。信息要完全重新收集,在一定程度上而言,这也造成了资源的浪费。所以各个学校可以为学生建立一份心理档案,随着各个学生的学籍档案一起流动。在档案中可以包含学生的基本信息、年度心理测评报告等信息。如果曾诊断出心理疾病,应当注明诊断单位、病因、病程、症状、表现、干预治疗手段、效果、现状等信息。既能帮助教师及时了解情况,避免因问题发

现不及时而造成的不良后果。在建立心理档案的过程中一定要严格保密,不能将学生的心理信息外泄造成对学生的不良影响。

三、对家庭的建设

(一)家长提高对心理健康的重视程度

家长作为孩子的第一监护人,对于孩子的心理健康有着不可推卸的责任。因此,家长平时要树立起关注孩子心理健康的意识。而不是在学校和教师交流的过程中,一味的只注意询问教师关于孩子学习成绩的情况。在向教师咨询学习辅导图书的时候,也应该向教师咨询心理辅导书籍。发现孩子出现问题的苗头及时和孩子沟通,向教师请教,将问题扼杀在萌芽状态。

(二)家长提高对学校心理健康教育的参与程度

对于学校开展的心理健康活动,家长不只是单纯的旁观者,更重要的是要树立起组织、参与意识。对于校内活动积极献策,主动参与。因为在现阶段,每个学校的心理教师师资有限,而且配备给心理教师的资源也是有限的。因而单单依靠学校教师的力量进行心理健康教育,自然可能走入流程化、形式化。而家长可以集合大家的力量,为孩子提供心理健康教育的新的活动阵地,搭建新的平台。一方面可以优化心理健康教育的效果,另一方面可以深化自身对于心理健康的认识。

参考文献

[1] 李晶妹. 家校合作对初中生学业成绩的影响研究[D]. 石河子:石河子大学,2022.
[2] 董雪雅. 基于协同育人理念的小学劳动教育体系建设研究[D]. 南昌:南昌大学,2022.
[3] 张紫滢. 家校微信群对中学班主任的工作压力研究[D]. 南昌:南昌大学,2022.
[4] 王梓颖. 家校社对小学生体育家庭作业努力的影响研究[D]. 杭州:杭州师范大学,2022.
[5] 董雪雅. 基于协同育人理念的小学劳动教育体系建设研究[D]. 南昌:南昌大学,2022.
[6] 张紫滢. 家校微信群对中学班主任的工作压力研究[D]. 南昌:南昌大学,2022.
[7] 潘亚军. 青少年社会性发展的影响因素及家校共育策略研究[D]. 青岛:青岛科技大学,2022.
[8] 吴常红. 家校共育背景下初中生家长课程内容开发研究[D]. 贵阳:贵州师范大学,2022.
[9] 李晶妹. 家校合作对初中生学业成绩的影响研究[D]. 石河子:石河子大学,2022.
[10] 朱霖丽,戴玉蓉. 融合教育实践指南——家校合作实务[M]. 上海:上海交通大学出版社,2021.
[11] 赵福江. 更好的家校沟通策略[M]. 上海:上海教育出版社,2021.
[12] 赵福江. 家校之间出现矛盾怎么办?[M]. 北京:教育科学出版社,2021.
[13] 陈杜娟. 初中教师家校合作的现状调查研究[D]. 重庆:西南大学,2021.
[14] 花雨. 小学劳动教育中家校协同的现状及策略研究[D]. 成都:四川师范大学,2021.
[15] 李思琦. 小学家校合作的现状及策略研究[D]. 沈阳:沈阳师范大学,2021.
[16] 黄滢. 小学生家长参与家校合作的现状问题和对策研究[D]. 烟台:鲁东大学,2021.
[17] 崔艳艳. 家校合作中的教师角色研究[D]. 上海:上海师范大学,2021.
[18] 苏伟仲. 赢在沟通:家校合作的成功智慧[M]. 重庆:西南师范大学出版社,2020.
[19] 孙云晓. 家校合作共育:中国家庭教育的新趋势[M]. 北京:中国人民大学出版社,2020.
[20] 年四扬. 初中家校合作改进策略研究[D]. 武汉:华中师范大学,2020.
[21] 段淑娜. 家校合作视角下线上社会情感学习课程实施现状及改进策略[D]. 北京:中央民族大学,2020.
[22] 杨翠. 城市化背景下中小学家校合作的现状及优化策略研究[D]. 长沙:湖南大学,2020.
[23] 吉淑虹. 家校合作中的教师行为研究[D]. 宁波:宁波大学,2020.
[24] 李宗原. 基于微信平台的小学家校合作策略[D]. 石家庄:河北师范大学,2020.
[25] 文金莎. 中学德育中的家校合作研究[D]. 长沙:湖南大学,2020.
[26] 胡骞鹤. 家校合作对提高初中生思政教育的实效性探究[D]. 长沙:湖南大学,2020.
[27] 黄姣. 新媒体环境下初中家校合作的策略研究[D]. 重庆:西南大学,2020.